反応しない練習

佛系

如何成为一个快乐的人

〔日〕草薙龙瞬 著
Ryushun Kusanagi

许天小 译

江苏凤凰文艺出版社
JIANGSU PHOENIX LITERATURE AND ART PUBLISHING, LTD

目录

第2章 佛系思考：不随意『判断』好坏

第3章

佛系情绪：负面情绪『没什么大不了』

第4章

佛系处世：不要太在意他人的看法

第5章 佛系竞争：以『正确的动机』面对竞争

最终章 佛系人生：抵达『圆满人生』的思考法

前言

能够解决任何烦恼的“佛系”思考法

人生中的每一天都会发生各种事，我们时常有这样的体会：人生，就是一条艰辛的路。其实，有一种方法能够帮助我们走出人生的迷思。

实际上，所有的烦恼都来源于“唯一的原因”。只要明白这一点，再加上“正确的思考法”，那么任何烦恼都能迎刃而解。这便是本书最想要传达给读者的主旨。

那么，我们每天究竟在烦恼什么呢？

- 被生活所迫，心中充满压力。
- 对现在的工作不满，考虑到将来的生活，感到不安。
- 厌恶的事、不走运的事接踵而至，令人沮丧。
- 和身旁的人性格不合，在人际交往中倍感压力。

乍一看，这些都是自己难以解决、解决起来相当花时间的问题，但其实并非如此，**因为这些烦恼全部来自于“心灵的反应”。**

提到“心灵的反应”，或许有不少读者无法马上理解，实际上几乎我们所有的日常活动都可以说成是“心灵的反应”。

例如，每天早班高峰期坐地铁时，我们常常会禁不住叹息道：“今天也这么拥挤啊！”这就是**心灵忧郁的反应。**再比如说，当我们看到他人板着一张脸，心中总会有些不爽，这就是**心灵愤怒的反应。**在一些重要的场合，我们总是不由自主地想：万一搞砸了怎么办？这是**心灵不安和紧张的反应。**

综上所述，当我们与他人相遇时，当我们工作时，当我们外出时，我们的心灵总是做出各种各样的反应。由于这些日常生活中的焦躁、沮丧、对未来的不安、生活中的压力和失败后的悔恨等情绪所致，烦恼便开始在心中慢慢生根。

所以说，**大多数人烦恼都来源于“心灵的反应”。我们的心灵因为烦恼而动摇，这就是烦恼产生的“唯一的原因”。**

找到了产生烦恼的原因，相应地，我们也能找到解决烦恼的方法，那就是避免不必要的“心灵的反应”。

请你想象一下，**如果你能避免所有不必要的反应，那么人生会变得多么轻松！**不动摇，不沮丧，不生气，拒绝压力，在他人面前能放松自我，回首过去时不后悔，也不为将来的事情忧心……这些都是自我拯救的方法。**让你的心灵摆脱枷锁，那么幸福也会离你越来越近。**

可能有的读者会误解，觉得“避免不必要的反应”是指忍气吞声、无视、不关心等消极行为，但其实并非如此，其实**它是指从一开始就将会增添烦恼的一切不必要的“心灵的反应”避免掉。**比如当你的内心产生愤怒、不安、自我否定等消极情绪时，若能马上将其化解掉，那么人生将会美好很多。

由于这些多余的反应，许多人都有过为失败、烦恼所困扰的糟糕经历，所以从今往后，就让我们一起来体验一种“避免不必要反应”的美好生活方式。

古代印度的圣人佛陀的教义中提到过“如何练习不反应”。**原本佛陀的教义就旨在传授“停止心灵多余的反应，摆脱烦恼和痛苦”的方法，其内容主要包括两部分：第一，正视心灵的反应；第二，进行合理的思考。**

正视心灵的反应包括人们常说的“坐禅”，以及最近常听到的“正念”和“内观冥想”。当你正视自己心灵的反应和动向时，躁动的心就能恢复平静，这对于消除压力和转化情绪是一种非常好的方法。（关于这部分内容，请参见本书第 1 章。）

合理的思考是指为了达成目的而进行的理性思考。本书的目的在于教授大家如何“避免多余的反应”以及“减少烦恼”，为此，

· 不进行多余的判断。不管什么场合，都不要否定自我。（见本书第 2 章）

· 不因为不满和压力等负面情绪而痛苦。（见本书第 3 章）

· 不在意他人眼光，活出自我。（见本书第 4 章）

· 改掉过于争强好胜、在意输赢的性格。（见本书第 5 章）

· 在今后的人生中，遵从心的方向。（见本书最终章）

本书将围绕上述这些重要的主题，对照佛陀的教义进行思考。**本书的特色也在于，通过“原始佛教”来学习这些解除烦恼的“佛陀的思考法”。**笔者会将充满智慧的佛陀的名言翻译成简单易懂的现代文字，并加以生动的解说。

现在我们一提到“佛教” 就会联想到宗教性质的内容，**但是原始佛教却有所不同，它所传授的是实用性的、合理的、在现代社会也能通用的思考方法。**如果每位读者都能在日常生活中实践本书的内容，必将获益无穷。

今后的人生，无须烦恼。让我们研习佛陀的教义，不管面对怎样的日常生活，都能避免不必要的“心灵的反应”。

正确地理解和思考自己的烦恼，这将给我们的人生带来平静、满足和幸福。

就从这一刻起，开始新的人生吧！

——草薙龙瞬

人们因为“索求之心”而看见苦恼。因此，找到正确的道路才能放手这些苦恼。勿要走入“索求之心”的迷思，才能走出苦恼的人生。

——选自《经集·通往彼岸的道路》

第1章

佛系烦恼：「反应」之前先「理解」

不是要抛弃烦恼，而是要“理解”烦恼

人们常说，人生总是摆脱不了烦恼，但是真正明白什么是烦恼的人却为数不多。

总感觉不满意，总觉得维持现状会出问题，之所以有类似这样的想法，是因为**人们不明白烦恼的真正含义，所以面对问题时便无法解决。**

不管是在工作中还是家庭生活中，当你面对后悔、愤怒、

失望、沮丧和不安等情绪时，因为没有掌握解决问题的正确思考方法，所以各种不满的情绪始终如影随形。

佛陀的思考法，首先是从理解我们日常生活中的各种烦恼开始的。

①产生烦恼。

②烦恼的产生都有相应的理由。

③任何烦恼都有解决对策。

只需要按照上述步骤梳理自己的烦恼，烦恼便可迎刃而解。这就是佛陀的理性思考法。

正视烦恼的存在，踏出自己的第一步

首先让我们来回忆一下日常的心境：

- 工作不如意，觉得自己的工作没有价值。
- 因为人际关系而苦恼。
- 心中埋藏着一段无法忘却的沉重往事。
- 因无法准确地表达自己的想法而感到压力。
- 不知道今后的人生该如何走下去，总觉得不安。

除此以外，还有遭遇事故或灾难、患上疾病、养育子女和家庭关系的困扰等，每个人都有自己的烦恼。

佛陀将我们在人生中体验的这些烦恼称作“八苦”：

①人生道路上，生活本身就是痛苦；
②步入老年；
③生病；
④死亡；
⑤遇见讨厌的人；
⑥必须和相爱的人分离；
⑦所期望的事物无法得到；
⑧心灵不得自由。

——选自《佛陀最初的说法 · 大品》

佛陀所说的“痛苦”，在古代梵语中被称为“杜卡”（Dukkha），是由“困难、障碍”（杜：Du）和“无法满足的空虚”（卡：Kha）所构成的词语。这句话向我们传达了“生存本身就是一件痛苦的事”这个理念。

“佛陀思考法”的特色在于，它让人们从一开始就正视“人生中各种烦恼和问题都将如影随形”的现实。我们必须承认日常生活中的不满、痛苦和忧郁等烦恼的存在，这种果断和理性就是佛教的特征。

有的人可能觉得接受现实是一件很痛苦的事，其实并非如此。**我们并不需要接受什么，只要理解“存在”的事物确实“存在”这个事实即可。**我们需要清楚地认识到自己的心中存在着烦恼和尚未解决的问题，同时要坚信一定能够解决它们。解决方法就是下面所要讲述的“佛陀思考法”。

或许有不少读者一直生活在“难以描述的烦恼”之中，这正是因为他们没能清楚地意识到自己心中不满的存在，所以每天都过得烦闷忧郁。但如果能够理解“不满的存在”和“烦恼的存在”，那么他们就会开始思考该如何解决问题，这其实就是一个小小的进步。

首先要理解“存在”的事物确实“存在”这个道理，然后才能充分认识到自己的心中确实存在不满和尚未解决的烦恼。解决问题的头绪就从这里开始整理。

工作和人际关系中的烦恼究竟是什么?

当我们理解了"烦恼的存在"，接下来就该思考"烦恼的根源"是什么。那么，烦恼和痛苦的根源究竟是什么呢?

在佛教世界中，人们常常认为痛苦的根源在于"执着"。所谓执着，就是拥有一颗"舍不得放手的心"。无论如何都不愿意放弃，深陷于愤怒、后悔、欲望等痛苦的心理状态中不能自拔。实际上，通过那些让人放下执着的修行法（常见的有"坐禅"或"内观冥想"），我们能够找到更深层次的原因。

人们为什么抱着烦恼和执着不肯放手呢?为什么在日常生活中会有如此多的烦恼呢?产生这些烦恼的根源就是我们"心灵的反应"，这一点我们已经非常明确。

在日常生活中，我们确实时刻都在做出各种“反应”：不断思考；碰到不开心的事会觉得积郁；对于事与愿违的现实感到焦虑；介意他人的眼光；担心自己是不是做错了什么事……这些都是“心灵的反应”。那么，这些“心灵的反应”会带来什么呢？

· 无法抑制的负面情绪可能导致人际关系破裂；

· 在重要的场合，因为过于紧张而无法发挥出应有的实力而导致失败；

· 沉溺于过往，总是深深地悔恨，反复说“要是当时没有那样做就好了”；

· 总觉得“自己是个没什么用的人”，因而陷入沮丧情绪……

· 这些也全部都是“反应”，人们由此生出“执着之心”。所以说，产生烦恼的根源就是“心灵的反应”。

可能不少读者会有同感："说得没错，我的心中常常有各种'反应'，许多事情总是因此搞得一团糟。"生而为人，这是不可避免的现实。"反应"就是产生烦恼的根源，由此引发出各种人生问题和烦恼。因此我们平时必须注意一点，那就是"避免不必要的反应"。

2500 年前的智慧能够解决"眼前的问题"

人们面对烦恼的时候，总会采取一些"对策"。对于合不来的人和事与愿违的现实尽最大努力去面对，做出反应，做出改变，想方设法地进行改善。

但人生中"只要采取对策，就一定能解决问题"的情况也不一定一直存在。**不论你的地位多高，你有多少财产，你变得多么强大，事与愿违的事情总会伴随你的左右。**

2500 年前佛陀曾说过：“人生总是与痛苦相伴。”这句话道出了一个永恒真理，即事与愿违的现实只通过“对策”是无法超越的，因此**我们需要全新的生活方式和更加合理的思考方法。合理的思考方法之一就是“避免不必要的反应”。**

读者可能想知道，那究竟该怎么做才能“避免不必要的反应”呢？其实佛陀传授过我们不少智慧，接下来笔者会一一讲解。

特别篇

解决问题的“简洁的处方”

佛陀将解决烦恼和问题的方法简单地归纳为以下四点：

①人生总与“痛苦”相随。

②痛苦都有“原因”。

③痛苦都能“解除”。

④解除痛苦都有相应的“方法”。

——选自《在鹿野苑对五比丘的开示·相应部》

在佛教世界中，上述四点被称为“四条真理”，即四圣谛。

乍一看，好像其中的道理非常简单，但佛教并不是“信者得救”的宗教，它传授的是“要按照这样的方式去执行才能摆脱烦恼与痛苦”的简洁的思考法。

简而言之，佛陀的思考法就是一张简洁的处方：

①认识到烦恼存在的现实；

②理解其产生的原因；

③实践解决问题的“方法”。

这种思维方式和医学上最尖端领域的研究方法是十分相似的。

烦恼始于“反应”，“反应”源于“七大欲望”

很多烦恼都是从“心灵的反应”开始的，这是我们“理解”的第一步。那么，究竟为什么我们会有这样的反应呢？

“碰到厌恶的事情而感到不爽”的时候，不爽的理由其实一目了然，那就是碰到了“厌恶的事情”。但是在人生中，我们也常常遇到“自己也不清楚为什么会做出这样的反应”的事情。**有的人会通过占卜、心理咨询等方式寻找“理由”，但其实透过佛陀的智慧，很多问题都能迎刃而解。**

例如，假设你现在有如下烦恼：

· 最近你对周围的人总是看不顺眼，他们的一举一动你都觉得碍眼；

· 亲戚的言行，很早以前就让你觉得不快了；

· 最近在职场中对同事和朋友也有不满情绪。

说实话，你的压力越来越大，不知道该如何解决。如果找周围的朋友聊天，大家可能这样回答你：

“我很理解你的心情，你啊，就应该活得洒脱一些。”

“你也太无中生有了，这样对身体不好。你多想想别的愉快的事儿吧。”

确实，朋友说得也没错，但你就是无法排遣内心的积郁。

每当你回到日常生活，就又会陷入“总觉得看谁都不顺眼”的状态。那么，我们究竟该如何调整这样的状态呢？

佛陀把现实人生比作“激流”

对于这种看似找不到根源的烦恼其实也有解决办法，那就是反向思考“产生反应的真正原因”是什么。

对于人们内心的不满和不足，佛陀是这样说的：

> 我们需要理解究竟是什么引起了痛苦。
>
> 带来痛苦的，就是不停追求快感的“索求之心”。
>
> ——选自《初转法轮经·相应部》

佛陀认为“索求之心”（Tanha）就是“不断做出反应的心灵的能量”，这是始终流动于人们心底的意识。产生“索求之心”后，它又分化为“七种欲望”。借助现代心理学的知识，这七种欲望可以解释为：

①生存欲——想要活下去；

②睡眠欲——想要睡眠；

③食欲——想要进食；

④性欲——想要交合；

⑤懒惰欲——想要放松；

⑥感乐欲——想要体会听觉和视觉等感官上的快感；

⑦承认欲——想要被认可。

我们的心中确实存在这样的欲望，所以我们可以按照如下方式来理解人生。

① 我们都有"索求之心"。

② 它会产生"七种欲望"。

③ 我们被这些欲望所动摇，产生反应。

④ 当这些欲望得到满足的时候，我们就会感到喜悦。

⑤ 欲望得不到满足的话，我们就会产生不满情绪。

这一过程不断重复，这就构成了我们的人生。

由"索求之心"构成的充满了喜悦、悲伤、失望、不满的人生，被佛陀比喻为"激流"或"奔流"。笔者认为这真是一个绝妙的比喻。

“索求之心”激荡起轮回的洪水——欲望永远得不到满足。各种各样的欲望化作奔流，让我们的心随之动摇。于是人们深陷于无法跨越的欲望的泥沼之中。

——选自《尼波多经·战手》

我们该如何面对"不满的心"

在佛教世界中，"索求之心"被称为"渴爱"，它是指"不断索求、总是感到饥渴、无法满足的心"。这也符合我们的实际感受。

重点在于，我们必须理解人类的心灵就是这样构造的，**人心永远都在索求，因此才永远感到饥渴。**

如果我们无法理解这一点，对"索求之心"不停地做出反应的话，就会被不满所驱使，不断寻求"人生的变化"。比如常常回忆过去："最近总觉得很空虚，以前的时光可真快乐啊！"或者对工作感到不满，频繁跳槽；或者沉溺于出轨这样危险的快感之中；又或者永远也不愿意正视自己的缺点，变成傲慢的人。

通过索求，我们有时候确实能够找到“前进的可能性”，**但是佛陀的教义却告诉我们：“不断索求却总感到不满足，这就是人心。”**过多的心灵的反应往往是适得其反的。

可能有的读者会认为这种“没有梦想”的思考法很无聊，但是当我们理解了“人心永远都在索求”这个真相以后，心境就会发生一些不可思议的变化。也就是说，类似“维持现状的话似乎不妙”或者“总觉得有什么不满意”等这些不知晓根源的失落感、焦躁感和内心的饥渴情绪都能得到平复，我们能够清楚地认识到“人生原本就是如此”的事实并且接受它 。

烦恼的真相在于“承认欲”

对于刚才我们提到的“对周围人总觉得看不顺眼”的问题，让我们通过“七种欲望”来思考一番。这样的不满，究竟来源于哪种欲望呢?

对于生活在现代社会的我们，最切实的主题是“承认欲”——希望得到认可的欲望。据说这是只有人类才有的欲望，动物没有这样的欲望。

承认欲在我们幼年时体现为“希望被父母喜爱”的朴素想法，随着成长，又逐渐演变成“希望得到表扬”“希望成为优等生”“希望受欢迎”等自我意识。

当我们成人后，承认欲又演变为“希望从事受人尊敬的工作或者获得那样的地位”“希望通过磨炼工作技能而提升职业素养”等上升欲望，以及“希望自己比他人更出色”的优越感和自尊心。

当然反过来，承认欲也可能变成觉得“自己是个没用的人”之类的消极感或自卑感。

产生这些想法的根源在于“希望他人认可自己”“希望他人关注自己、喜爱自己、给自己好评”的承认欲。如果这样的欲望让心灵对外部世界“产生反应”，总觉得“周围人都不怎么认可自己”，那我们就会感到不满或不足。也就是说，“总是对他人的细小行为看不顺眼”的烦恼源在于“希望他人更加认可自己”的承认欲。当然，这也与成长环境有关，幼年时比较孤独的人，内心这样的想法就会更加强烈。

佛陀思考法的第一步就是“理解”。我们首先应该意识到，

"原来如此，我之所以感到不满是因为承认欲的原因"，"这样的不满是来自承认欲的不满"。

当然我们也可以将"承认欲"这个词替换成"欲求""欲望"等字眼。当我们通过语言的客观性对此进行反复理解时，"心灵的反应"就会渐渐趋于平静。

在之后的章节中笔者也会进行说明，**承认欲就是人们在意他人的看法、嫉妒心、喜欢和他人攀比、存在争强好胜的心理等各种烦恼的根源所在。**如果无法理解"烦恼的根源就是承认欲"，人生就会陷入在意他人的看法、被嫉妒心驱使、喜欢和人攀比、情绪起起伏伏，以及心灵时常动摇的恶性循环。

首先我们要谨记，"存在"的事物始终是"存在"的。当我们坦诚地接受自己有承认欲的时候，这些不满、愤懑、空虚、寂寞等负面情绪竟然不可思议地消失了。

我们只需要弄清楚“内心饥渴的真相”，也就是承认欲，就能摆脱这些不满的状态。

只要我们明白了承认欲是“反应的原因”，内心就能变得特别放松。

我们终于能够开始冷静地思考：“我得到那个人（家人或社会）的认可，究竟有什么意义呢？”

仔细想来，确实是，有什么意义呢？

特别篇

“苦恼”转变为“希望”的那一天

如果不清楚烦恼产生的根由，那就会一直为烦恼所扰。相反，如果能正确地理解烦恼的来源，烦恼就会变成“能够解决的课题”，也就是“希望”。将苦恼不断的人生转变为“希望”，这就是本节有趣的内容。

那位女士和我初次见面的时候，即将迈入八十岁。由于四十来岁的大儿子有家庭暴力倾向，并且愈演愈烈，所以最后将他的母亲——也就是这位女士——赶出了家门。他将门反锁起来，谁也进不去。女士在人生的暮年时期变成了一位无家可归的人。

幸运的是，她申请到了政府的生活援助，搬进了一间小小的公寓。我第一次去那里是在盛夏的午后，女士说：“如果今天我仍然找不到答案的话，我就在这里上吊自杀。”

女士慢慢地讲述了此前的人生经历，从中我可以看到大儿子在经年累月中对她的深深怨恨。女士的娘家有兄弟姐妹共七人，她的父母唯独没有让她去学校念书，而让其留在身边服侍。女士结婚后有了两个孩子，但是父母又命令她将两个孩子送给亲戚抚养——“你作为女儿的工作就是照顾好这个家！”因此女士根本不知道自己的孩子的幼年时代是如何度过的。有很长一段时间，她的大儿子始终认为“这个人不是自己的妈妈”。

关于母亲最初的记忆是在他六岁那年生病住院的时候。大儿子一直趴在窗边，等待母亲来看望自己。母亲虽然来到了医院附近，但是又离开了。“为什么母亲不进病房来看我呢？"据说这就是大儿子对母亲最初的记忆。

这位女士面庞清瘦，看起来端庄谦和，似乎心中并没有太深的苦恼。但是长时间以来，她和两个孩子之间的距离越来越远，更苦恼于大儿子日益加剧的暴力倾向。但是最痛苦的是，她始终不清楚这一切发生的根源是什么，始终找不到答案。

我渐渐地体会到：在当了母亲、年岁渐长之后，女士的内心却始终还是向着她自己的母亲的。在她心底，始终期冀来自母亲的关爱。她之所以成为和孩子"距离遥远的人"，其根本原因就在于此。

房间的灯光熄灭，她问我："那我今后能够找到出路吗？"

"当然有出路。"

她又问："那我该怎么做呢？"

我的回答是："你需要正确地理解。正确地理解才是解决人生苦恼的最有效的'智慧'。"

通过今天一天的时间，我终于理解了她心中的苦恼是什么。我告诉她需要将过去的体验、今天一天的所感、每天的见闻，在心中仔细地进行体会和思索，并且一定要相信自己的未来。只要做到这一步，很多问题就能自然而然地解决。

此时，女士态度坚定地发表了宣言："我明白了。我会正视自己的内心，跨越痛苦就是我今后人生的课题。"

当我打开房间的灯时，女士的脸上又显现出了生气，她的目光也更加坚定。她已完全理解了自己的内心，从苦恼中彻底解脱出来。我目睹了一个人"成佛"的瞬间。

随后这位女士前往养老院，申请做养老院的志愿者。比起被人照顾，她更想照顾他人。她希望实践佛陀所说的“仁慈”——祈祷他人的心灵幸福。

没过多久，她在她家附近的步道上遇到一位修剪花草树木的高龄男士，于是主动表示愿意帮忙。没过多久，她又和附近幼儿园的小朋友们变得熟悉起来，于是又主动帮幼儿园修剪草坪。她在电话中兴高采烈地告诉我：“我现在的人生非常幸福！”

如果人生能够重来，大多数人都希望将“不断苦恼的人生”变成“充满希望的人生”。掌握“正确理解的能力”，我们就能实现这样的“重生”。

人们应该正确地理解苦恼的真相。应当斩断苦恼的根源。应当前往没有苦恼的境地。应当找到相应的方法并不断实践。我坚信，只要做到这几点，便能脱离苦海。

——选自《佛陀最初的说法·大品》

正确审视内心的状态，超越“三大烦恼”

要避免“心灵的反应”，首先要做到“正确的理解”，这就是解决烦恼的秘诀。尤其是保持审视内心这一习惯，能够有效地避免平日的压力、愤怒、沮丧和担心等“不必要的反应”。

那么，“审视内心的状态”究竟是指什么呢？在此我将介绍三种方法：1. 语言确认；2. 意识到身体的感觉；3. 进行分类。任何一种方法都能非常有效地“避免不必要的反应”，请务必加以实践。

1. 用语言来确认内心的状态

这是一种“用语言来确认内心状态”的方法。例如，在合不来的人面前感到紧张的时候，首先要确认“自己感到紧张”这件事。当你长时间看电视和玩网络游戏的时候，应当客观地确认“大脑已经混乱，感到浮躁”“内心正在焦虑”等心理状态。此时如果你能闭目静静地思考，内心就会恢复平静。

平时在工作中，或者与家人相处的时候，也要有意识地确认，现在自己的内心究竟处于怎样的状态。“感到疲惫”“感到乏力”“感到焦躁”，这些都是可能存在的内心状态。

“用语言确认”在佛教世界中有时候被称为“标记”——贴上标签。给各种内心状态都贴上一张写了“名字”的标签，进行客观确认。

在日常生活中也请进行这样的“标记”：扫除的时候确认“我正在扫除”，洗碗的时候确认“我正在洗碗”，散步的时候确认“我正在散步”，用电脑工作的时候确认“我正在使用电脑”。

只需要把正在做的事用语言如实描述即可。渐渐地我们就能养成将内心状态和身体动作如实地用语言来进行确认的好习惯。

通过反复实践，我们便能体会到，通过语言进行确认是“避免心灵反应”的有效方法。避免不必要的反应，我们的心灵便能恢复平静。

“用语言确认”是保持心理健康的基础，笔者非常推荐。

2. 意识到身体的感觉

另一个方法则是意识到自己的感觉 。这种方法对于缓解压力和疲劳都非常有效。

首先，请闭上双眼，在内心凝视自己的双手。在黑暗之中，你一定能意识到“双手的感觉” 。请凝视自己的双手，同时将手抬高，此时会有“移动的感觉” 。在这个过程中，需要特别意识“双手的感觉的存在” 和“双手的感觉发生了移动”这两件事 。

将手抬到与肩同高度，然后再放回原位。在这个过程中，始终闭上双眼，体会手的感觉。然后将手掌朝上摊开，放在大腿上；将手握紧，再摊开。在这个过程中，心里反复确认：“握紧双手的时候，会有这样的感觉；摊开双手的时候，会有这样的感觉。” 将这样的状态重复几次。

集中精力，意识到身体的感觉，同时从座椅上站起来，然后行走。行走的时候，特别注意脚部，尤其是脚底的感觉。当你有意识地“凝视身体的感觉”时，便能明白“意识到身体的感觉”的真正含义。

按照同样的要领，呼吸的同时也能体会到“腹部的收缩”和“进出鼻腔的空气的感觉”。平时在日常生活中，我们也要经常有意识地去体会这些身体的“感觉”。

这两种方法，①用语言确认，②意识到身体的感觉，在佛陀生活的古印度被称为“沙提”（Sati），在禅宗世界里被称为“念力”，在冥想世界中则被称为“正念”。

我们应当正视内心的状态，增强意识，只有这样做才能避免不必要的反应，让心灵恢复平静，提高精神的集中力。

3. 在头脑中进行分类

这是将内心的状态分成好几种并加以理解的方法，虽然和“用语言确认”有几分相似，但是这种方法的使用范围更广，更强调概念性的理解。**内心的状态基本上可以分为①贪欲、②愤怒、③妄想这三类。**

①贪欲，是指被过度的欲望所驱使的状态。说得直白一些，就是指过度索求、过度期待、焦虑，以及对人际关系的不满。这些几乎都来自于“过度索求的心”。

我希望每位读者都能时常审视自己，是否对自己或者对他人有“过度的索求”。如果被贪欲所支配，除了自己感到痛苦之外，还会给周围的人带来不幸。

被贪欲驱使而过度索求的人，会被原本虚无的烦恼打败，陷入无尽的苦恼之中。就宛如自己亲手在船上凿了一个洞，让河水涌入船内。

——选自《经集·欲望》

②愤怒，这是指感到不满或不快的状态。焦躁、心情不好、总是感到压力时，首先需要理解“这就是愤怒的状态”。

从“索求之心”开始的人生，“愤怒”原本就是如影随形的。不少人都会觉得“虽然找不到原因，但是总觉得哪里不满意”。

但是这样的生活，很难称得上幸福，因此我们必须正确地理解“愤怒的存在”。并且愤怒是由“索求之心”所产生的，所以这样的愤怒本身是没有现实根源的。

而那些“明显感到愤怒的人”则需要特别注意了，尤其是那些易怒的人，为失去了某些事物而感到悲伤的人（悲伤也是愤怒的一种表现），对过往的人生还有留恋、沉湎于后悔和挫折感之中无法自拔的人，以及背负着自我否定和自卑心理的人，如果对于上述这些愤怒不管不问的话，对你们的人生来说将是一笔巨大损失。

愤怒是可以通过“正确的理解”这一心理行为来消除的。相反，如果我们什么都不做，愤怒只会日积月累。易怒、欲求不满、吹毛求疵之类的性格会随着年纪增长而越来越明显。

我们应当正视自己的内心状态。如果感到自己有愤怒，那就首先理解“愤怒的存在”，然后将这些愤怒“冲刷干净”，渐渐地心灵便能恢复平静。

请注意，那些冷静沉着的人，总是有意识地防止发怒，戒除言行举止和思维上的浮躁。他们这样做便保持了心灵的自由。

——选自《法句经·愤怒》

③妄想，是指想象、思考、在头脑中不明确地构想某个事物的状态。

“脑子里总是想些多余的事”“无法冷静地集中于眼前的工作”，这样的烦恼就是由妄想所致。

特别篇

“消除”妄想的好方法

让我们来学习一些消除“妄想”的好方法吧。

“妄想” 可以说是某些人最擅长、最喜欢，几乎每天从早到晚都在重复的、排名第一的烦恼。“幸福的妄想”或许还不错，但如果总觉得“还有一堆工作要去处理”，被“今后该怎么办呢”之类的不安情绪所包围，或者是沉湎于回忆以往的悲伤经历而陷入沮丧的心境，那就太糟糕了。

以上这些都是妄想的产物，想要摆脱这些痛苦，最好的方法就是“消除不必要的妄想”。

消除妄想的基本方法就是用语言客观地确认“此刻，自己正在妄想”，这就是之前所介绍的“标记法”。在佛教的冥想书籍中也常会见到这样的内容，但是真正实践起来我们就会发现，要真正做到这一点其实非常难。

因为妄想本身就是一种在无意识状态下产生的想法，基本上我们对于“妄想本身”都是在“妄想之后”才意识到的。进行坐禅修行的僧侣们也有这样的体会。

那么究竟该如何消除妄想呢？那就是将“妄想的状态”和“妄想以外的状态”加以区分。

例如，请现在闭上双眼，在黑暗之中，请随意地想象某个意象。比如今天早上吃了什么、在电视里看到的影像等等，任何事物都可以想象。

然后睁开双眼，注视前方，看清房间内部的陈设和窗外的景色，此时你会意识到，这就是肉眼所见的状态——视网膜感受到光线后，事物显现出的状态。

此时，你的头脑中已经不存在刚才脑海中所想象的意象了。请清楚地意识到“刚才所想象的一切都是妄想”和“现在所看到的一切都是视觉效果（光的物理反射）”这两件事。

将“妄想”和“妄想以外的状态”清楚地区分开来是非常重要的。妄想和视觉的对立，就是妄想和身体感觉的对立。然后我们需要明确“身体的感觉”和“妄想”之间的巨大差异，就如同在呼吸的时候我们能够意识到“鼻腔空气出入的感觉”或者是“腹部收缩的感觉”一样。

当我们有意识地区分“妄想”和“感觉”，通过不断练习“将意识集中于感觉上”的操作方法，便能顺利地消除妄想。

养成在行走的时候进行"心灵扫除"的好习惯

"意识到身体的感觉"的静心方法在"使用身体的任何行为"中都是适用的，例如在散步、练习瑜伽、登山，或者做广播体操的时候。笔者建议大家在上下班途中或者乘坐地铁的时候都可以尝试一下"心灵扫除"。

行走的时候，在头脑中以"左、右、左、右"的表达来确认脚底的感觉。站在地铁里的时候，以"吸气、呼气"的表达来确认鼻腔中"空气出入的感觉"和"腹部收缩的感觉"。

最近有个流行词叫"低头族"，就是指边走路边玩手机的那些人。说实话，我认为这样的群体其实只是"容易开始妄想"，而这些心理习惯被无意识地强化了，无所事事的感觉和空虚感慢慢地占据了内心。

如果你希望摆脱烦恼、度过充实的人生，那就应该减少这些不必要的反应和妄想，养成“意识到身体的感觉”的好习惯。

烦恼总是产生于内心深处，因此摆脱烦恼的最好方法就是将意识集中于“心灵外部”的身体的感觉。连续坚持几个月后，你就会发现头脑变得明晰而敏锐，心情变得更加放松和喜悦。

“三大烦恼”实际上是非常有用的“工具”？

前文介绍的所有的佛陀的思考法，归纳为一句话就是：在“反应”之前，首先要“理解”。

- 烦恼的原因是“心灵的反应”。
- “心灵的反应”的根源在于“索求之心”和“七大欲望”（特别是承认欲）。
- 正视自己的内心状态：①用语言确认；②意识到身体的感觉；③贪欲、愤怒和妄想的分类。

通过这样的理解过程，我们就能消除产生苦恼的“不必要的反应”了。

人们为什么总是无法摆脱烦恼，其原因就在于“无法看清自己的内心”。例如当你始终觉得心中不畅快时，如果你未曾知晓“审视内心状态”这一思考法的话，这种不畅快的状态可能就会一直持续下去。

此时，我们可以模仿佛陀，观察内心的负面情绪究竟是贪欲还是愤怒，抑或是妄想。在心中明确“我被欲望所左右”“我感到愤怒”或者“这是我的妄想”这件事——大多数情况下，这三种情绪会同时存在——只需要做到这一步，不畅快的心情就能一扫而光。这个实践过程就是佛教中所说的“净化心灵的修行”。

此外，“贪欲”“愤怒”和“妄想”这三种内心状态在佛教中的表达为贪、嗔、痴，即“三毒”，也就是“人类的三大烦恼”。现代佛教倡导人们要“戒除”上述这些烦恼，但是佛陀在世的那个年代，却主张把这些烦恼当作“让人们理解内心状态的‘工具’”。

佛陀的原意是指“能够彻底正确理解万物的人”，也被称为“觉醒的人”或“觉者”。可能有的读者对佛教不是那么感兴趣，但是也请谨记：**“正确理解”并不是“自己觉得正确”，并不是“按照自己的看法或思考方法进行理解”，而是要将自己的思考、判断、解释和对事物的看法彻底抛弃，承认“存在”的事物确实“存在”，以客观的、中立的眼光来理解和分析事物。**

我们的内心不会对"正确的理解"做出"反应"，这仅仅是一种客观的审视，不会引起心灵的动摇和思考。**只有一动不动地注视着事物，以单纯的心来理解自己、他人和世界，才能称为"正确的理解"。**

"正确的理解"才是超越痛苦的有效方式，我想读者现在都已经明白了这一点。能够彻底地、正确地理解万物的佛陀，他所达到的境界被称为"解脱"。

"解脱"（巴利语为 Vimuti、英语为 Emancipation），是"自由"和"解放"的意思。**因此佛教，即佛陀的教义可以理解为，"通过正确的理解，让人们从苦恼中解脱出来的方法"。**

通过"正确的理解"，人们能够找回心灵的自由。我希望每位读者都能通过实践上述方法消除心中的不满，拥有充实而积极的人生。

觉醒的人，不会被他人的见解、意见、知识、决定所左右。

他们不会妄断善恶，不会因为判断而蒙蔽心灵。

——选自《经集·关于内心的清净》

第2章

佛系思考：不随意『判断』好坏

“不必要的判断”带来痛苦

人们烦恼的原因之一就在于“过度判断的心”。“判断”是指权衡某个工作是否有意义、自己的人生是否有价值、和他人相比自己是更优秀还是更差劲等等，类似这样的思考方法。

“我觉得自己没资格” 之类的自卑感即属于判断。“我失败了”“真糟糕”“真不走运”之类的失望和胆怯也属于判断。担心“事情进展不顺利的话该如何是好”“我讨厌那个人，不知道该怎么和他交往”之类对他人的评价等，全都属于判断。这些判断会导致不满、忧郁、担心等各种各样的烦恼。

如果我们可以避免这些不必要的烦恼，内心就能恢复平静，人生的道路也会更加顺畅。让我们来思考一下，怎样才能过上一种没有“不必要的判断”的生活吧。

停止妄加判断“好、坏”“喜、恶”

首先让我们来思考一下，究竟“判断”有多么束缚人心。

假设有这样一个人，她非常喜欢占卜，总是通过占卜来判断运气的好坏；对于听到的传闻总是自由发挥，总是喜欢随意猜测他人的性格；和他人道别之后，她总是在觉醒的人，不会被他人的见解、意见、知识、决定所左右。他们不会妄断善恶，不会因为判断而蒙蔽心灵，也不会种下蒙蔽心灵的祸根。佛陀只指引正确的道路，如此才能摆脱“我觉得”的自我意识。

——选自《经集·关于内心的清净》

“不懂装懂”的时候，你觉得很高兴吗？

为什么人们对于自己、他人、人生目的、生存的意义等等都想要做出“判断”呢？

首先，这是因为进行判断本身是一种让人高兴的行为。好坏、正误等判断会给人一种“自己什么都懂”的错觉，觉得自己总算得出了一个结论，因而感到安心。（当人类还没进化成人的时候，作为灵长类动物的他们就会对周围的环境做出判断，比如这里有吃的，或者这里有天敌。或许这样的判断就是一种本能。）

而另一个理由则是，通过判断，感觉自己得到了认可。比如我们和他人吵了一架，之后还会暗暗地生气，觉得“都是对方的错”或者“都是因为他做了某件事才会导致这样的结果”。有时候我们还会给好朋友打电话，希望好友站在自己这一边，对自己说一句“真是太好笑了，这根本不是你的错”之类的话，这些都是一种想要证明“果然自己没有错”的行为。我们在索求一种能够满足承认欲的判断。

也就是说，做出判断的心理包括“觉得自己什么都懂的心情”和“觉得自己肯定没错（满足承认欲）的快感”。正因为如此，人们总是热衷于做出判断。

特别篇

有时候“判断”是一种“剧毒”

如果“判断”只是让人觉得高兴，那也是无可厚非的，但是有时候人们过于执着于自己的判断，反而会让自己或他人备受折磨。

有一位母亲曾向我咨询过一件事:“我的女儿总不爱学习，该怎么做才能让她好好学习呢？”据说为了让女儿能够考入顶尖的XX大学，她将女儿送入了精英教育式的初中、高中连读学校。这所学校要求学生晚上必须在教室上自习，根据成绩的高低，学生的毕业旅行目的地也会有所不同，总之是一所各方面要求都有点“过火”的学校。母亲认为自己这么做是希望让女儿过上美好的人生，但脑中默默地判断对方是好人还是坏人，讨人喜欢还是不讨人喜欢。

还有的人觉得自己永远都是正确的，根本不听他人的意见，对自己的想法坚持到底；更有甚者，听到和自己意见相反的言论便会勃然大怒。我想在读者的周围一定也有这样的人吧，有可能是亲人、上司，或者是惹人烦的朋友。

“判断”对人的性格也会产生影响，会导致人们患上强迫症、洁癖，或形成完美主义、“拼命三郎”之类的性格。有的人还会给自己贴上“一无是处”的自卑标签。有时候人们会在心中默默地给出结论：“反正一定会失败”或者“我根本就不够资格”。这些全部都是“判断”。

这样一来我们可以清楚地看见“判断”究竟在如何支配我们的人生了。很多人都有一颗“过度判断的心”。

实际上她是因为自己念书的时候没有考入好学校，所以希望通过女儿的人生来挽回遗憾。她的内心隐藏着这样的怨恨和不甘。

我觉得这位母亲对她的女儿来说是一个“奇妙的存在”。一些琐事就会令她动怒，对女儿大发脾气；刚刚还对女儿说“你这种水平什么学校都考不上”，没过一会儿就开始哭着喝闷酒。她的女儿不知道为什么自己会被否定人格，不知道为什么非得这么拼命努力学习，进而开始思考为什么要在这个家里生活，到底为什么而活着，由此陷入情绪的泥沼之中不能自拔。

后来，她的女儿在中学二年级的时候，于一个秋天的深夜里，在浴室里割腕自杀了。幸运的是，女儿及时被人发现并送往医院。但是在这次事件之后，母亲对女儿辛辣的态度和强制学习的方式并没有发生任何改变。她来咨询我“该怎么做才能让女儿爱上学习”的时间就在女儿自杀后不久。自那之后，她的女儿开始出现自残行为，高中中途退学，最终也没能进入大学学习。

像这样惨痛的案例其实并不少见，不少人在幼年的时候或许都有过类似体验。又或者作为父母，你现在就正做着同样的事。所以对大多数人来说，解决问题的方式不是去勾勒一个虚幻的理想化环境，而在于该如何去帮助他们接受这样不美好的现实。

“潺潺溪流”一般的心灵

佛教往往客观地审视人们面对的苦痛和烦恼。从一开始我就没有“判断”这位母亲的做法是否有问题，我始终认为这位母亲的内心一定隐藏着什么原因，而我该试着去进入她的思考模式，这样才能帮她消除苦恼。

从这位母亲的角度来说，“自己没能考上 XX 大学”这样的想法（挫折感、失落感）就是苦恼（愤怒）的原因。虽然没能考上 XX 大学这件事是事实，但是这位母亲却这样“判断”自己：因为没能考上大学，所以我是一个没有价值的人。

这位母亲也是判断的牺牲者，这样的判断导致她对自己产生愤怒，患上忧郁症，出现乱发脾气等症状。这些行为背后的深层动因正是“判断”（自以为是）。“想要考入大学”的愿望和“没能考入大学”的判断，让陷入偏执的自己以及女儿备受折磨。

人们因为三种执着而痛苦：

①想要得到某种事物的执着——但是却无法实现。

②希望能够永远拥有已经得到的事物——但是过不了多久就会失去。

③希望抛弃让人苦痛的事物——但却常常事与愿违。

那么，当这些痛苦都停止的时候，是一种怎样的状态呢？那是一种对“痛苦根源的执着”彻底停止的状态，并不是痛苦的现实本身停止了。

——选自《在鹿野苑对五比丘的开示·相应部》

当人们感到痛苦的时候，必然是因为内心有所“执着”。原本人心就如同潺潺溪流一般，不会留下任何痛苦，但是由于执着而陷入停滞，就会产生痛苦。如果让自己、对方，或者其他任何人感到痛苦，那么这件事本身一定有问题。请意识到：再这样下去，只会是死路一条。我们可以对照佛陀的思考法来这样思考：

· 由于“无法实现过去的愿望”产生了痛苦。

· 由于“搞砸了”（原本不应该失败的）的判断产生了痛苦。

· 由于“对方必须这样做”的期待和要求产生了痛苦。

· 必须放手这些“执着”，否则只会永远让自己和对方陷入苦痛的泥沼。

避免“无”中生“有”

判断——判定、偏执、单方面的期待和要求——就是一种“执着”。用比较通俗的话来说，就是一种“心理疾病”。

原本人们的头脑中不存在任何判断，但是我们从家人、老师和朋友那里获取各种各样的信息，学会了“必须这样做才行”的判断方法。

确实，面对工作、生活和未来，我们必须做出判断，有时候“下定决心”反而能让我们看清内心的方向。但是不管是怎样的判断，一旦陷入执着，就会产生痛苦。这是因为现实是无常的，它总是在时刻变化着。

曾经的愿望始终没能实现，这就是一个事实。那么这样的“愿望”其实也可以理解为一种已经不存在的“妄想”。正因为内心有执着，所以反而觉得这份愿望越来越强烈，但其实它已经不复存在。

希望自己一定要过上某种生活，或者希望他人一定要做某件事，这就是一种“判断”。但是因为这样的想法只存在于自己的头脑中，所以它又是一种“妄想”。**执着于妄想的“判断”，反而让自己和对方陷入更加痛苦的境地。**

我想读到这里的每位读者，都迫不及待地想要解放自己的心灵了吧。在佛教中，认为原本“不存在”的事物是“存在”的想法被称为“颠倒”，也就是“错觉”。**一定要让他人做某事的强迫症和期待就是一种“错觉”。**

我们必须摆脱“错觉”。我们应当更专注于眼前的现实，尽全力去理解现实，让自己和周围的人都能过上幸福生活，这才是正确的道路。

放下痛苦的方法

模仿佛陀，可以学会放下痛苦的方法。

刚才我们提到，“因为这样的想法只存在于自己的头脑之中，所以它又是一种妄想”。可能有的读者对于这样的观点感到吃惊，但这就是事实。请务必意识到“判断只不过是妄想而已”。这个事实就如同害怕“纸做的老虎”的心理一样，只有“正确的理解”才能消除我们心中的阴霾。

但是不少人觉得“放弃妄想很困难”或者“无论如何都无法放手”，所以感到很痛苦。我非常理解这样的心情。正因为如此我们才需要实践佛陀的思考法和洗涤心灵的方法。怀抱“维持现状只会更加痛苦，所以我希望解放自我”的愿望，才能让你开始全新的人生。

人生总有痛苦，但是痛苦都是能够消除的，并且都有消除的方法。原始佛教中将这样的方法称为“道路”。

下定决心，放下“会带来痛苦”的判断，并实践这样的方法，这才是“活在当下”的生活方式。笔者认为这是最棒的人生。

与其痛苦地度过一生，不如早日从痛苦中解脱出来。放下过去，放下“判断”，让内心恢复自由。

在你年幼的时候，也曾经有过不为“判断”而痛苦的幸福时光。我们都希望能再次找回当时那颗自由的心。

活在当下的人，就如同举着火把走入暗室，唯有光明能驱散人生的阴暗。活在当下，是因为他获得了智慧之光——正确的理解方式和思考方法。

——选自《四十二章经》

“慢”是一种心理疾病

让人苦恼的“判断”也包括“自大”“觉得自己正确”“觉得自己（应该更）优秀”等过于自我肯定的想法。佛教中将这样的心理称为“慢”。

“慢”在短时间内是对自我的肯定，让人心情舒畅，但是高傲、傲慢、自尊和优越感等想法有时却可能由于不满和自负而招致失败。

既不随意判断自己，也不随意判断他人，这才是最理想的状态。我们应该将内心的注意力放在别的喜悦和满足之上，这样才能成就坦诚和解脱的自我。

> “觉得自己如何”“觉得他人如何”之类的想法，就如同“扎入内心的箭”，但是人们却未曾注意其存在。有正见者，皆无重复苦痛的偏执。
>
> ——选自《忧陀那聚 ·观》

只需要思考“是否对自己有用”就好

“慢”也可以理解为“对自己价值观的偏执”。实际上，傲慢、自尊、虚荣，甚至是自卑感和“没有自信”等想法都属于“慢”。

人心深处永远都觉得自己的想法没有错，但是这样的判断是正确还是错误，究竟该如何去“判断”呢？佛陀是这么说的：

> 我所讲述的语言，都是对他人有益的。
>
> 只要是真实的、能够给他人带来好处的语言，哪怕对方不爱听，该说的时候就要说出口。这就是对他人的怜悯（慈悲）。
>
> ——选自《和阿巴亚王子的对话·中部》

也就是说，“真实的”、“有益的（有用的）”就是佛陀的判断基准。有时候“真实的”这条标准在俗世间也无法通用，但“有益的（有用的）”这个法则在任何社会都是重要的判断基准。

以工作为例，能够“提高收益”“促进工作环境的改善”“推进业务发展”的判断就是正确的判断。“有用”就是重要的判断视角。

那么我们日常生活中的判断是怎样的呢？对自己、他人、人生、工作的好坏和正误的判断是“真实的”还是“有益的”？

首先在头脑中展开的任何判断都是“妄想”，所以不能称为“真实”。也就是说人们做出的许多判断实际上都不是真实的，也没有益处，可以理解为我们常说的“消磨时光”。那么为什么要做这样的判断呢？原因我们之前已经谈到了，是因为“判断本身能够带来快感”以及“判断能够满足承认欲”。这两个理由就是“慢”的真相。

如果周围有傲慢的人，我们就很容易理解对方的心理，这是来自判断的快感，以及希望得到承认的欲望。这样的人，内心已经干涸。

远离“觉得自己没错”的想法

“觉得自己没错”，这是我们常常都会产生的想法，但是对照佛陀的理解，这样的想法存在很大问题。甚至可以说，**当我们“觉得自己没错”的那一瞬间，这样的判断就是“错误的”**。这也是佛陀讲述的有趣的真理。

在原始佛典中，有这样的故事：

> 某个国家的国王让盲人们聚集在一起摸象，每个盲人只触摸大象的一部分，一个人摸鼻子，一个人摸腿，一个人摸尾巴。国王问：“那你们觉得大象长什么样子呢？”
>
> 于是一个人回答：“好像是长得像锄头的长杆一样的动物。”一个人说：“好像是长得像石柱一样的动物。”一个人说：“好像是长得像扫帚一样的动物。”其他盲人也争先恐后地回答：“大象是一种长得像某种东西的动物！”
>
> 大家都觉得自己说得对，互不相让，最后竟然打起架来。

看到这样的场景，国王大笑起来。

——选自《在萨巴提街的说法 · 无问自说》

这个故事有一种对盲人的歧视在里面，我个人并不是太喜欢——这是一种将残疾当作“前世业障”的古老世界观——但是这个故事却道出了一个本质：

人类永远只能看到世界的一部分，原本我们站的位置、看到的内容都是完全不同的，尽管如此，我们还是要坚持“自己的看法是正确的”。

人和人交往的时候，一定会出现看法上的分歧。有时候我们“不论怎么想，始终觉得自己的看法才是正确的”，但是“不论怎么想”都是在自己的头脑中进行的思考，“不论怎么想”都只是自己的想法而已。

在自己的头脑中思考，想到的一切都只可能是自己的想法（这是理所当然的），所以说这个思考本身不存在正确或错误，因为思考的前提、立场、体验、头脑都是独一无二的。

佛陀认为，任何判断都是浮现在人们头脑中的“念想”，也就是三毒中的“妄想”。尽管如此，人们还是固执地认为“自己才是对的”，在这一瞬间就产生了“慢”。

佛教所追求的“正确的理解”是指“不判断正误”的理解，这是一种逻辑学上的似是而非之论。笔者认为，比起这一点，真实的和有益的事物对我们来说才更加重要。

我认为这样的思考法非常出色，能够避免压力的产生，让人们互相理解，乐于奉献。

能够正确理解的人，内心没有
“觉得自己是正确的”之类
的想法（慢），因此这样的
人永远不会落入产生痛苦的
“执着的洞窟”（偏执）之中。

——选自《经集·和某位婆罗门的对话》

从“无意间做了判断”中解脱

如果将“不做判断”理解为生活的智慧，接下来就让我们进入实践阶段吧，笔者将介绍三种能帮助我们从“不必要的判断”中解脱出来的方法。

1. 认识那些标志着自己“无意间做了判断”的心理暗示词句

首先只需要单纯地意识到“自己做了一个判断”。

当“今天真倒霉”“可能要搞砸”“我和那个人真合不来”之类的想法掠过脑海的瞬间，请意识到“自己做了一个判断”。

当你在自己心中对他人品头论足的时候，请意识到“自己做了一个判断”。和朋友或家人在一起的时候，我们常常聊几句“背地里的评论”，这种时候最好加上一句话：“不过这终究都是我个人的判断而已。”

可能有的读者会想：“那我也不能把他人判断为一个好人吗？”虽然不能一言以蔽之，但是很多肯定的判断随着情况的转变常常会变成否定的判断。说到底，我们根本就没有任何资格对他人加以判断。

人们无法整理自己的内心，对周围的一切妄加判断，失去了自己的心。眼睛追随着周围的一切，究竟有什么益处呢？抑制自己的偏执，停止对他人的评价，只有这样才能看清内心。

——选自《马普达长老的修行之友的真言·小部》

2. 我是我，他人是他人

判断就是一种“内心的习惯”。人世间有不少人喜欢对各种事物进行比较、评价和讨论，造谣可以理解为一场“判断的盛大游行”。

但是当每个人都认为“周围人都在判断，所以我做出判断并没有错” 的时候，自己也会变成“热衷判断”的人。正是这种多余的判断才会招致苦恼。

如果真的希望彻底摆脱这些烦恼，唯一的方法就是“停止判断” 。不论他人做出怎样的判断，如果不希望再沉湎于这样的痛苦之中，就要果断地停止判断。

对于“该怎么做才能舍弃错误的想法”这样的问题，佛陀曾对一位叫作纯陀的苦行僧说过这样的话：

那么纯陀，你应当这样思考和自律：

有的人可能语言粗鄙，但是我竭尽全力避免使用任何这样粗鄙的语言。

有的人可能被自己的想法所束缚，但是我竭尽全力避免被自己的想法所束缚。

有的人可能无法放手自己的错误理解和想法，但是我竭尽全力去正确地理解和思考。

有的人可能重视外表和自尊，但是我竭尽全力从对外表和自尊的偏执中解脱。

有的人可能希望在他人羡慕的眼光中生活，但是我竭尽全力活出自我。

——选自《对纯陀的教诲·中部》

佛陀思考法的重点在于，无论他人怎么思考，一定要坚守自我。“我是我，他人是他人”，佛陀在其中画了一条分明的界线。

人世间到处都是热衷于判断的人，但是我们没有必要随波逐流。**选择自己的心，决定自己的心，永远自由和独立地进行思考，这也是佛陀的教诲。**

3. 学会坦诚

另一个要点则是学会坦诚，只有坦诚才能彻底地解脱自我。一旦陷入自负和傲慢心理，和周围人之间的隔阂就会越来越明显：无法体谅他人的心情；有时只不过他人随口说了一两句就觉得人格被否定了，勃然大怒，或者沮丧不已，陷入烦恼。

烦恼的根源并不在于周围的环境，“觉得自己没错”的心理才是痛苦的根源所在。对于傲慢的人来说，觉得自己有错这种想法就等同于自我否定（自杀行为），因此这样的人很难学会坦诚地做人。

面对这种情况，从佛教的角度来说，我们需要用到“方向性”这个观点。“方向性”是佛教“正确思考”的教义之一，摆在自己面前的有无数个方向，应该坚持认为自己没有错，还是放弃这样的想法、坦率地面对自我？说实话，“觉得自己没错”这种想法只不过是一种非常狭隘的自我满足，这样的想法不会让任何人获得幸福。

笔者认为，比起“完美无缺的自我”，或许“坦诚的自我”更有魅力。能够仔细倾听他人的话语、体谅他人、和人推心置腹地沟通，笔者认为只有如此坦诚的人才能获得幸福。

一旦变得坦诚，幸福就会随之而来。在与人接触的过程中，能明显感受到他人的敬意，最重要的是，自己的内心也会变得无比轻松。

坦率地承认自己患上了“慢”的心理疾病，这一点比什么都重要。在佛教的修行中，佛教徒常常会进行“忏悔”，也就是在心中对自己的混沌、傲慢和迷思进行忏悔。

这样的忏悔不需要对周围每个人进行，在内心默默地进行就足够了。笔者希望每位读者都能学会坦诚， 这样简单的变化便会让你的心里开出最美的花。

任何时候都不否定自己

工作、生活中在处理人际关系时，以及面对人生的林林总总的机遇时，我们常常会有“搞砸了”的想法。**笔者认为，面对失败，最重要的一点就是千万别泄气，别自我否定。**但是作为内心的反应，“判断”有时候来得太快，我们不自觉地就开始自责起来：“对方对我的评价可能不太好”，“我不适合做这个工作”，“我真是个没用的人”。

有的人越想越严重，会出现自卑感或挫折感，甚至觉得不知道活着的意义是什么。

在现代社会，有不少人因为自我否定而苦恼，其实对于如何战胜“自我否定”和提高心理素质，佛陀早已经给出了答案。

产生愤怒的主体是自己

现在让我们尝试着来理解，由“自我否定的判断”所带来的烦恼。

一旦否定自我，承认欲得不到满足，就会产生愤怒。愤怒对于人们来说就是一种“不快”的反应，为了消除这种反应，人们会在①攻击和②逃避之间做出选择。这两者是所有生物与生俱来的本能反应。

①攻击行为体现为发火、怒吼、故意找他人麻烦来发泄怨气；或者体现为“对自己的攻击”，例如责备自己，厌恶自己，觉得自己是个废物，觉得不想活了之类。

②逃避行为体现为忽视问题、偷懒、偷工减料、休息、宅在家里、拼命睡觉、忧郁、寻求刺激和快感等等。

一旦出现这样的状况，自己和周围的人都希望找到解决方法。但需要注意的是，“找到解决方法”这个判断本身也是一种对自我的否定，同样也会产生愤怒。这样的愤怒又会产生新的“攻击”和“逃避”行为，最终只会陷入恶性循环。

佛教认为，不论在怎样的情境下，“避免愤怒的产生”这一点应当始终不变。所以不论在怎样的情境下，都别轻易“做出判断”（避免自我否定）。

“让心重获自由”的练习

那么如何避免自我否定呢？人们缺乏“避免判断”的训练，因此虽然内心很清楚“不能自我否定”“必须接受真实的自己”这样的道理，但还是会不由得随意做出判断。

有的人甚至产生“没有脸面见邻居”或者“要是传出奇怪的谣言该怎么办”之类毫无根据的妄想。不少人因为太过敏感，因为他人的话语、表情或者一个眼神就能马上做出这样消极的判断。

对于这样的消极判断，不论是来自自我还是来自他人，都需要进行“停止消极判断的练习”。

关于如何停止判断，之前我们已经谈到“马上意识到做出了判断”等三种方法。但是对于“不知不觉间就开始自我否定”的人，笔者还有一些新的建议。同样也是三种方法：1. 去外面走走；2. 了解世界的广袤；3. 通过自我暗示来实现自我肯定。实际上，这也是笔者在人生最痛苦的阶段亲自实践过的三种有效方法。

1. 去外面走走

当出现“自我否定”时，可以马上出门走走。散散步，一个小时也好，两个小时也罢，彻底地迈开脚步，走起来。

在这个过程中，让意识集中在“身体的感觉”上。佛教认为产生感觉的器官分别是眼睛、耳朵、鼻子、嘴巴和肌肤，你需要将所有的意识都彻底集中于这“五感”。例如，在每天早中晚的不同时间段，天空的颜色、街道的灯光、树木的葱郁和河流的声响都会有所不同。在这分分秒秒之中，睁开自己的双眼，极尽视力所及，去观察和体会（凝视）

这世间万物。

我们吸进鼻腔的空气的气味和浓度，随着季节和时间的变化也会有所不同，有时冰冷，有时温暖，有时潮湿，有时干燥。室外的空气和“自闭的内心”是截然相反的、新鲜的存在，我们要通过嗅觉去呼吸和感受这份新鲜。

请将意识集中于你走过的每一步，感受鞋底传来的大地的坚实，阔步向前走下去。在这一瞬间，占据你身体的只有“感觉”，刚才还在头脑里嗡嗡作响的“烦恼”已经烟消云散。“另一个自己”和“另一种人生”就在眼前。这一瞬间，你已经体验到了“全新的人生”。

—

深夜外出散步的时候，偶尔会路过一些小小的 24 小时便利店，让我们来想象一下在里面工作的店员的生活吧。这位店员有可能一直孤孤单单地工作至深夜却一个客人也没来。**人都是孤独的，但是当我们看见他人的孤独时，就不会觉得自己那么孤独了。**

当消极的判断涌现时，也就意味着“Game Over”（游戏结束了）。消极的判断导致消极的“自我否定”，在一片漆黑之中没有希望，也找不到想要的答案。这种时候，我们需要将所有的注意力转移到“感觉”的世界中去，让意识转换一下方向。

日本僧侣有“千日回峰行”的修行习俗，这是一种每天步行三十至八十公里的距离，连续行走七年的修行方式。“摆脱自我否定的步行”也是修行的方式之一。可能大家觉得“修行”这个词有些太正式了，我们也可以理解成“练习”“实践”“生活”或“用心”。至于行走的距离倒没有什么特别规定，只需要迈开脚步走起来，这并不是难事。**不论几个月还是几年，走着走着，自我否定的判断便会从头脑中消除。**

摆脱让自己苦恼的判断，这是人生的一大功德。我希望每位读者都能静下心，迈开脚步，走起来，只有这样才能让心重获自由。

2. 了解世界的广袤

大千世界中，有各种各样的人，实际上对你持否定态度的人并没有你想象的那么多。

走在街上，我们可能偶遇在购物途中的母子、在街角巡逻的交警和在商店内工作的店员们，我们在家以外的地方看到的人们都有各自的日常和人生，要是上前向他们问路，通常他们都会热情地给你指路吧。

在这个世界上，有许多心地善良的、热心的人。很多人忙得根本没有多余的心思来否定他人，他们为了过好自己的人生，忙碌而充实地过着每一天。

在午后一两点，在黄昏时分，或在星空闪耀的夜晚，请张开你的双眼，抬头看看天空，广袤的宇宙就在那里，可我们却常常固执地只看见“自我否定的判断”这一点。至于这些判断从何而来？可能来自于父母，可能只是因为朋友的一句话，也可能是来自社会的信息，还有可能来自我们小小的“自以为是”或“误解”。

当人们陷入“执着”的时候，很多问题就会自然而然地在他们眼中放大，他们甚至认为这种放大后的假象就是真实的人生。

当我们远离“执着”、看清产生“错觉”的内心时，我们应当多看看外面的世界。在海阔天空之处，“自我否定的判断”自然会烟消云散。将你的目光投向全新的世界，那里有崭新的人生在等着你。

3. 我相信我自己

“避免自我否定”的另一个方法就是不断重复“我相信我自己”这句话。**这里所说的“自我肯定”和人们常说的“Positive Thinking（积极思维）”是不同的。**我们常常在一些成功学里听到这样的内容：对自己不断重复“我能行”或者“每天都会越来越好”之类的话语，人生就会越来越美好。

当然我认为这样的话语确实有一定的心理暗示作用，但是积极的话语如果和现实相差得太远，内心深处就会自动将其判断为“谎言”，渐渐地就失去了心理暗示的效果。最终很多想法也没能落到实处，永远停留在用话语去“自我暗示”的阶段。

佛教以“正确的理解”为基础，认为当话语和现实背道而驰（某种意义上，也属于妄想）的时候，这句话本身就不成立。虽然我们也会有“要是能怎样怎样就好了”之类具有“方向性”的想法，但这样的想法也是未曾发生的事。从这一点来说，这样的想法就属于妄想。

重点在于如何让自己停止“自我否定的判断”，因此能够停止判断的简单话语或许更有效。这句话就是：“我相信我自己。”

当你在实际生活中对自己重复这句话后，就会发现“判断从脑中消失了”。

为了让大脑摆脱多余的判断，当头脑开始思考“反正怎么怎么样”“终归还是怎么怎么样”或者“我根本没资格怎么怎么样”的时候，请想起“我相信我自己”这句话，并在脑中不断重复：我相信我自己。

停止判断之时，即是生命流动之日

人类这种生物非常热衷于判断，希望得到他人认可的欲望也很强烈，所以面对事与愿违的现实，人们常会做出“自我否定”的判断，这也是情有可原的自然反应。**但是对照佛教的理解，“自我否定”的判断不具备合理性，因为：①这样的判断将带来苦恼；②这样的判断只不过是妄想。**在佛陀的思维中，既不真实也没有益处的判断是不必要的。

可能有的读者会想：“但是有时候，给自己施加压力也是有必要的啊。”其实在佛教中，也有鼓励自我的方法，例如“找到方向性”“集中于当下”，以及“用行动代替妄想”等。故意通过自我否定的方式将愤怒转化为能量显然是不可取的。

不论你现在处于怎样的状态，都请停止自我否定的判断。

你现在应该思考的是，在这一瞬间，自己应该做些什么，自己能够做些什么。

> 曾经在我修行过的寺庙里，有一天早晨，一位修行僧人睡了懒觉，没来得及参加勤行（在规定的时间诵经、拜佛等）。他本人觉得，“作为出家人，太不应该了”，因而陷入沮丧。当时寺里的住持立刻对他大喝一声：“笨蛋，你应该关注现在！”

沉溺于过往——以过去发生的事为理由而否定现在——的人只会被内心的烦恼、邪念和杂念所占据。**人生永远无法避免错误和失败，重点在于该如何应对错误和失败。**不要沮丧，不要气馁，不要自责，不要回忆，不要悲观，将视线集中在当下，集中在这一瞬间，做出正确的理解，明确“今后自己能做些什么”。当然，如果自己的行为给他人添了麻烦，也需要正确地理解事态，坦率地向人道歉。

舍弃过往的污秽，不再沾染新的污秽。

明智之人从迷思中解脱，他们不会责备自我。

人们应当正确地理解内心和整个世界。

但是不要因为这样的理解而妄测自己的价值，

因为这样的想法不会带来喜悦。

“觉得自己更优秀”“觉得自己技不如人”

或者“觉得自己和他人差不多”之类的判断都是不可取的。

不论听到怎样的评论，

都不要对自己的价值妄加判断。

抛却了所有烦恼（评价和判断）的境界，

才是真正的喜悦之地。

这样的人才是胜者。

这样的人不会被任何困难打倒。

——选自《经集·关于争论·速成》

如何树立“真正的自信”

不少人认为，“要是能更加自信一些，人生或许会更完美”。但是从佛陀的思考法来说，有没有自信都不过是一种“判断”而已。“判断”也是妄想的一种，没有任何根据。面对残酷的现实，我们可能胆怯，可能紧张，也可能失去自信。佛教认为，关于自信的判断是一种“推迟”。**比起判断有没有自信，或许更应该去完成一件事。把该做的事情先做好，就能取得比“充满自信的人”更加出色的成果。这就是佛陀的思考法。**

“想要充满自信”的矛盾性

“想要变得更加自信”之类的想法，从佛陀的思考法来看，有一定的妄想成分。

自信是指“觉得自己能够完成某事”“觉得自己一定能做出成果”的判断，但是在思考这个问题的时候，还不知道能否完成、能否做出成果，也就是说无法提前做出十分准确的判断。

即使某一次偶然判断成功了，但我们周围的环境随时随地都在发生变化，根本无法保证第二次也一定能判断成功。就算因为曾经的成功而觉得“自己更有自信了”，这样的自信也是一时的，对于下次的状况无法通用。

也就是说，在做某件事之前就“拥有绝对的自信”是不现

实的。不论是在商界还是体育界，不论是多么优秀的人，也不敢信誓旦旦地称自己“有绝对的自信”。如果真的有，可能也不会被人看好。

故而，我们需要重新思考自信这件事。我们根本就不知道将来会发生什么，比起将来，我们眼前还有许多需要去完成的事，这才是正确的思考方法。我想对于这样的观点，不需要特别引用佛教的经典，也能引起不少读者的共鸣吧。

“我现在能做好哪些事？”

即便如此，还是有不少人希望变得更加“自信”，从佛陀的思考法来看，这样的人多半被“妄想”所束缚。

第一，妄想是觉得自己能够办到某事的“慢”。在这个世界上，不少人都有极强的自尊心，以及瞧不起他人的“高眼光”，即使没有任何客观依据。这样的人就是所谓的“自信家”，他们被“觉得自己很了不起”的傲慢所束缚，又或者他们“希望在他人眼前留下光辉形象”的愿望过于强烈。但这样的“自信”根本就如同无根之树，毫不牢靠。

第二，妄想是为了消除不安。人们对将来的事充满不安（妄想），觉得自己可能办不到，可能失败，工作可能进展不顺利。为了消除这样的不安，他们希望“变得更有自信”。但在这样的心境中浮想起的“自信”，仅仅是一种用于掩盖不安现实的妄想。

也就是说，不论是“自信家”还是“没有自信的人”，都被自己的妄想所束缚。对于已经掌握了部分佛教思考方式的读者来说，或许能够马上意识到“妄想是靠不住的”，当“觉得自己充满了自信”的瞬间，就应该马上意识到，从佛陀的思考法来看，自己产生了妄想、做出了判断。我们真正应该思考的问题是，“那么我现在能做好哪些事”，这才是佛陀的理性思考法。

但是，从佛陀的思考法来看，渴望变得自信的人通常会在最初的妄想之上再叠加新的妄想。从一开始就觉得（妄想）“自己能成功、自己会很了不起”的人，会开始想象“自己一定能做得更好”。相反，觉得“自己做不到”的人，大多都会想象“自己一定能做到”，也就是思考如何克服最初的妄想。两者都是从一种妄想中产生出另一种新的妄想，这就彻底地进入了佛陀所谓的思维误区。

摆脱“我必须给自己施加更多压力”的想法

对于“觉得自己能成功”的盲目自信家，佛教并未过多提及，因为只有当他本人意识到自己的妄想时，佛教的教义才能对其发挥作用。“觉得自己没自信”和“觉得自己能力不足”，因此“希望变得更加自信”的人们的思考方法，这才是本节主要探讨的内容。

原本“没有自信”“觉得能力不足”之类的最初的判断都是错误的。即使曾经多次失败、认为“自己一事无成”的时候，也没有必要“觉得自己没有自信”，因为还有更重要的事情需要我们去思考（后文将详述）。

“没有自信”“觉得能力不足”都是多余的判断和迷思，如果没有意识到这一点，有的人会抱着“因为没有自信，所以这件事先观望一阵子再说”的心理而将重要的决策延后；有的人认为，“为了能变得更加自信，所以必须努力”，而开始不断地给自己施加巨大的压力；还有人认为，“为了变得更加自信，接下来要考取某个资格证书”，于是为考取资格证书而寝食难安。

但是不论怎么“观望”，自信也不会从天而降。不论怎么“给自己施加压力”，不论怎么“给自己设定目标”，都不会变得更加自信。因为产生这些想法的根源在于“觉得自己没有能力”或“觉得自己能力不足”等消极的妄想。一旦被这样的想法束缚，就难以产生对自己的信任感，只会永远被“想要变得更加自信”的念头驱使，而无法真正地获得自信。

觉得自己“能力不足”的人很多，但是“觉得自己能力不足”这个想法本身就是一种不必要的判断和妄想。**相比之下，现在应该做什么，现在能够做什么，现在打算做什么，想要尝试做什么，这些想法或许来得更实际。**

请你放弃“能力不足”或“没有能力”的念头，在相信自己的前提下好好思考：就在眼前这一刻，自己应该做些什么。

积累经验的重要性

如果世界上真的有一件事能够让人充满自信，那一定就是：我们可以根据经验，预见到相应的成果。当然，这样的自信必须通过反复行动和体验、在时间上有所积累之后才能获得。

不管在什么行业，要想做出点成绩，一般来说都要花费十年以上的时间。以普通的工薪族为例，在二十来岁的时候掌握工作技能，积累人脉，进入三十岁以后才能被委以重任。在体育界和演艺圈中，有不少人都是从小开始刻苦练习，差不多经过十年以上的磨砺才会逐渐崭露头角。所以说，不管在哪个行业，时间的积累都是必不可少的。

我们不需要做出任何判断，只需要“去尝试”和“积累经验”就足够了。

笔者将变得自信的方法归纳如下：

① 尝试；

② 积累经验；

③ 能够做出一定的成果；

④ 开始得到周围人的认可；

⑤ 根据经验，能够预见相应的成果。

不少人觉得第①点（尝试）是最难的，当你产生这样的想法时，请意识到这个想法本身也是一种“妄想”。觉得可能失败，觉得可能给他人添麻烦，觉得自己没有能力……你是否因为这些想法而动摇呢？不要对这些“妄想”产生任何反应，因为“妄想”终究只是“妄想”，你只需要站在“尝试”的起跑线上，下定决心，之后奋力去践行就好了。

当一个人产生“尝试”的念头时，工作也好，生活也罢，都会变得更轻松。如果不知道该干什么，可以问问他人该干什么；如果不知道该怎么做，可以问问他人该怎么做。他人告诉你方法后，只需要回答“非常感谢”；如果给他人添了麻烦，只需要坦诚地说一句“对不起”，然后朝着目标，继续加油。

这样的态度对于是否能实现结果这件事“没有任何执着”，这样的态度也可以理解为佛教的心态。但我认为这样的态度在任何行业中都是通用的。

通过尝试，不断提升自我能力，积累经验；随着经验的积累，最终能够“根据经验，预见相应的成果”。这种时候的预见，才是“真正的自信”。

财产和容貌无法亘古不变，越是索求，越是得不到。唯有眼前的路能够指引你的心加以实践，自是百益无一害。

——选自《对妓女庵婆婆梨的鼓励·大般涅槃经》

我从未主张过某件事一定是正确的。

他人的错误始终是他人的错误。

我只是注视着自己的内心，保持内心的平静与澄明。

——选自《经集·对某个婆罗门的答复》

第3章

佛系情绪：负面情绪『没什么大不了』

不放纵情感，也不压抑情感

在日常生活中，我们总是避不开和情绪相关的烦恼。不管是在职场还是家中，人们总是因为情绪而烦恼：感到压力山大；因为怒气什么都不想干；因为工作失误而陷入沮丧；因为不小心弄丢了心爱的物品而难过；因为不知道自己的未来会怎样而感到不安……这些内心的动摇，都是情绪。

每个人都希望能自如地控制自己的情绪，情绪也是“心灵的反应”。在本章中，让我们一起来学习如何避免由于情绪因素而引发的各种问题吧。

首先“整理”自己的烦恼

佛教认为，“和情绪相关的烦恼”可以分为两大类：

① 防止产生不快的情绪，一旦产生，能够迅速消除。

② 思考如何与他人相处。

①和情绪有关；②和交往有关。这两者都非常重要，需要分别来探讨。实际上很多人都无法好好处理这两种烦恼。产生愤怒的瞬间，大脑就被“那是因为对方说了怎样怎样的话”或者“因为对方做了怎样怎样的事”等念头所占据，随后愤怒的情绪又和“我肯定没错”或“对方应该听我的”等想法发生剧烈碰撞，然后陷入没有止境的战争（烦恼）中。

有人认为：“人际关系就是烦恼的根源。”但是从佛陀的角度来看，这句话是错误的。**因为“被情绪所困扰”和“不**

知道如何与他人相处”，这根本就是两个不同的问题，所以首先要将这两个问题分开来进行思考。第一个问题，即情绪问题，属于自身问题。那么就让我们先来看一看佛陀是如何理解和化解情绪问题的吧。

“不做出任何反应”就是“最终的胜利”

“避免不必要的反应”的前提在于从一开始就“不要做出任何反应”。关于“不反应的高手”佛陀，有这样一个故事。

> 佛陀，在古印度语中意味着“觉醒之人”。在当时的社会中，佛陀变得越来越德高望重，甚至连拥有数百名弟子的有名的婆罗门也归入了佛陀门下。不论是古代还是现代，印度的种姓制度都具有绝对含义。佛陀的种姓是比婆罗门低一级的“刹帝利”（武士阶层），比佛陀更高阶的

婆罗门竟然归入其门下，这在当时的社会上是一件令人震惊的大事。

有一天，某位婆罗门听说和自己处于同一阶层的婆罗门归入了佛陀门下——对于自尊心颇高的婆罗门来说，这是不可宽恕的事——他怒气冲天地来到佛陀的住所，在众多弟子和来访者面前极尽所能地对佛陀进行诽谤中伤。所有人都察觉到当时的氛围已经是“剑拔弩张”了。

但是佛陀却毫不在意，反而心平气和地这样回答道：“婆罗门，你在家中宴请宾客的美食如果没有被吃掉，最终会变成谁的食物呢？”

面对突如其来的问题，婆罗门回答道：“那当然还是我的食物。”

“那么这些食物你将怎么处理呢？”

“那当然是自己吃掉了。”

于是，佛陀这样说道：

“如果面对辱骂回以辱骂，面对愤怒回以愤怒，面对争执回以争执的话，就相当于接受并吃下了对方所提供的食物。可是我并不接受你提供的食物，所以你的话语终究还是你自己的话语。请你将自己的话语带回家。”

——选自《佛陀与辱骂自己的婆罗门之间的对峙·相应部》

这里所说的“食物”是指婆罗门辱骂佛陀的话语。如果对辱骂回以辱骂，就相当于做出了和对方相同的反应，吃下了对方的“食物”。所以从一开始就不应该“接受”这样的“食物”，也就是“不做出任何反应”。

通常无中生有的辱骂总会惹人愤怒，但是佛陀却“没有做出任何反应”。这是因为佛陀的人生目标是追求“没有苦恼的心灵”，并且他很清楚，因为做出反应而扰乱内心的平静是没有任何意义的。**佛陀在任何时候都不会做出反应，**

他往往只是看着对方，做出正确的理解，并且这样的立场非常坚定。

从佛陀的处世态度中，我们可以学到这样一个道理——不做出任何反应就是“最终的胜利”。

佛教中的胜利，并不是指战胜他人，而是指对他人“不做出任何反应”，不迷失自己的心。

听之任之——人际关系的基础

从这个故事中我们还能学会一个道理，那就是“对他人的反应听之任之”的思考法。

这位婆罗门的内心充满了“觉得自己是更高阶层种姓”的傲慢，以及对德高望重的佛陀的嫉妒和“我一定要给这个人点儿颜色瞧瞧”的敌意。一般人听到这样的辱骂，大多都会反唇相讥：“你真是莫名其妙”“你太过分了”，或者“你也好不到哪里去”。**人与人之间的争吵，往往都是“慢”与“慢”的碰撞，任何一方都有“认为自己没错”——终究也是自己的想法——的理由，并且坚定地向对方抛出自己的理由，不断确认自己没错，这就是吵架时人们的心理状态。**

但是佛陀却有不同的思考法。**首先“正确”与否，因人而异。**当对方觉得自己是正确的时候，千万不要否定对方的理由，也不要尝试去说服对方，只需要清楚地理解这件事对对方来说是“正确”的就行了。

或许有的读者会思考，如果有些时候事情必须得分个黑白正误，那该怎么办呢？这是我们稍后会提到的“和他人的相处方式”上的问题。在此，我们先思考一下如何让内心“不做出反应”这件事。

每个人的大脑都是不同的，因此思考方法不同也是理所当然的事。**人们内心深处总有一份“觉得对方和自己的想法应该相同”的期待，但是这样的期待和想法也不过是“妄想”而已。**

此外，在觉得自己是正确的想法中还隐藏着“慢”。因此，只要碰到和自己相反的意见，就觉得自己被他人否定了，想要通过愤怒的方式做出反应。因此，越是没有自信的人，越是容易愤怒。

这样的状态是被“妄想”和“慢”同时束缚的不健康的精神状态。**此时我们需要静下心，重新去正确地理解“他人**

的反应和自己的反应是彻底不同的存在”这个事实。

将“他人的反应”和“自己的反应”分开来思考，对于他人的反应听之任之，做到这一点便能摆脱人际关系带来的烦恼。

将烦恼减半的方法

对他人的反应听之任之时，烦恼就会减半。同时坚持“不做出任何反应”，就能彻底摆脱因情绪动摇所带来的烦恼。

尽管如此，能够坚持完全不做出反应的人实在是凤毛麟角，稍不注意，怒气就会涌上心头，开始和人争执起来。那么有没有什么避免反应的诀窍呢？**笔者推荐的方法很简单：将心分成两半，一半朝外，一半向内。**

首先将自己的心分成“内外”两部分：闭上双眼，想象一下你的内心有一半朝向外界，有一半朝向自己。

朝外的心用于和人交往，不用做出任何反应，只需要理解对方所说的每一句话。当无法理解时，就仔细询问对方，或者认识到“现在自己还无法理解”。可能有时候我们会产生“根本听不懂对方在说什么”的念头，但这可能是你自己在“抗拒理解”。“觉得自己没错”的想法、“希望对方怎样做”的期待和要求、“他以前也说过类似的话”等对过去的妄想，当这些情绪占据了你的大脑，你便无法冷静、理智地去理解对方的话语。

有时候我们也会遇上“根本不想搭理”的对象，比如不理解子女的父母、难以沟通的上司等，但是即便是面对这样的人，也要坚持“不做出任何反应”这一冷静的前提，客观地理解对方的话语，并思索对方想要做什么（想要索取什么）。

此时，朝向内部的心开始观察自己的“反应”，观察另一半的心究竟是感到愤怒，感到紧张，还是产生了怀疑之类的妄想。其实，这些反应的产生本身是自然而然的，但是不要忘记时刻用向内的心去观察自己的态度和反应。

在禅宗的世界里有个词叫作“不动心”。心如止水，需要定力。人类的心，直到死亡那一天，或者直到佛教修行的终点——涅槃（开悟）之前——都会持续动摇。心灵产生动摇也是很自然的事。**始终注视着自己动摇的心，并努力停止心灵的反应，这就是“不动心”的真谛。**

一旦向内的心发生了动摇，就很容易被“对方的反应”所控制和束缚，最终被愤怒、紧张、胆怯、恐惧、怀疑、记忆、妄想、悲伤等烦恼的波涛吞没，之后流泪、怨恨、埋怨、不甘之类的反应又会占据你的身心。

所以说，一切痛苦的根源都在于“多余的反应”，只有修炼出一颗“不反应的心”，才能避免不愉快的情绪产生。通过反复练习，最终你也能获取不做出多余反应的心灵——“不动心”。

特别篇

为什么无赖汉流下了眼泪?

东京都内的某个公园里，有志愿者团体向无家可归的流浪汉们提供救济餐，当时笔者也在那里帮忙。

某天早上，有一位志愿者匆匆忙忙地跑过来说：“不好啦，有一个男人在发酒疯！”于是大家一起朝救济餐提供地点赶去。

只见两百人以上的流浪汉围成一团，中间是一位正在发酒疯的男子。他穿着黑色西装，右边的袖子上绣着“仁、义、礼、智、信”的红色文字，皮肤黝黑，平头长鬓角，一眼就能看出来这是个“道上的人”。

男子朝桌上装满咖喱的大锅快步走去，叫嚣道：“什么破锅，我要掀翻它！”笔者挡在了这位男子面前，他瞪大眼睛，咆哮起来：“和尚你找死吗？是要和我打一架吗？”

“我们聊两句，怎么样？”笔者面带微笑地说道。

“就是你们这群人做的救济餐吧，这种破玩意儿，根本就是伪善！”

“或许确实是伪善。”

“你们有什么能耐?!”

“或许没什么能耐。”

笔者从头到尾都没有否定对方，只是竭尽全力去理解对方的话语。此时来了五位警察，是志愿者报的警。

“是谁叫警察来的？”这位男子更加愤怒，甚至想要殴打警察。

眼看他就要被押到派出所去了，我站在他和警察之间，问他为什么发酒疯。他盯着我，这样说道：“我老妈正在坐牢。”男子细长的眼睛里流出眼泪。

“是吗，那你去见过她吗？”

“没有。”他的声音开始颤抖。

笔者又问：“那你给她写过信吗？”

“我不太识字。”说完，男子号啕大哭起来。

“我知道了，那我替你写吧。今天从警察局出来后，我们一起给你母亲写一封信吧。”

“你能帮我写吗？”他竟然挺恭敬地问我，“但是我不知道该写些什么。”说完他又哭了起来。

“感谢母亲把你生下来，这样就足够了。我们一起写，我等着你。”随后男子老老实实地被押送至警察局。

当天晚上，笔者又和他见面了。他说他连中学都没念过，确实不太识字。他父母的人生似乎也颇多波折，他和父母已有二十多年未曾见面了。当时他一直在暴力团体中打杂，赚些小钱，常常借酒浇愁，过着很不稳定的生活。我们一直聊到深夜，从那天起，我们便成了好友。

如果那天早上，我也用充满愤怒和敌意之类的话去回击这位男子的话，结局会怎样呢？我想我永远也见不到这位无赖汉的眼泪了。现在我和这位男子仍然时有联络。

能够与他结缘，我想这也是因为我一直在贯彻佛陀的教义——不要做出任何反应，首先应当正确地理解的缘故。

人生在世，总会遇到一些难以沟通的人，但如果向对方回以相同“反应”的话，对话就会变成双方之间“反应的礼尚往来”。此时最重要的事情不是说服对方，也不是证明自己没有错——因为一旦做出反应，就“失去了自己的心”——而应该先去尽量理解对方。

面对“容易做出反应”的情形，可以先深呼吸，保持冷静，竭尽全力去“理解对方的话语”，让向内的心不断观察自己此刻的反应。这绝不是简单的事。但是为了不失去自己的心，为了能和对方相互理解，这是必不可少的尝试。

将一半的心用于和他人交流，将另一半的心用于观察自己的反应，这也是交往中的一个重要原则。

如何与难以沟通的人相处

在情绪上避免多余的反应之后，接下来的问题就是，如何与难以沟通的人相处。

“相处方式”在佛教中是指“用怎样的心和对方相处”。**佛教的一大特征就是不断审视和观察自己的内心。**当你的心懂得如何与人相处时，生活中便不会再为人际关系所苦恼。

首先，让我们来看一下与人相处时的方法和原则：

① 避免“判断”对方。

② “忘记”过去。

③ 将对方当作“新朋友”。

④ 以“相互理解”为目的。

⑤ 审视“相处的目标”。

避免“判断”对方

避免判断对方，也就是此前已经提及的“不做出判断”的实践。当负面情绪涌上心头时，我们总是禁不住想要“判断”对方，得出各种各样的结论：“这个人真够讨厌的”“他可真自私”“太让人吃惊了”“完全没兴趣”“这样的事情一而再再而三，没完没了”，抑或是“那就干脆绝交（离婚）”。

或许这些判断都有一定的道理，实际上，不论在谁眼中总有那么一两个“愚蠢透顶的人”存在。

但是这样的判断始终是靠不住的，因为判断和我们自身的“慢”是联系在一起的。当我们告诉对方“你错了”，或者在对方面前叹气说“这可有点难办啊”的时候，人们常常希望确认“自己才是正确的”，并想以此来显示自己的优越感。

佛教希望人们注视自己的内心，保持内心的平静，不要做出“任何不必要的判断”。**人类最高境界的幸福就是让心灵远离苦恼，因为再多的幸福感都抵不过小小的苦恼（反应）。**因此当我们对沉溺于苦恼之中的他人做出判断，觉得“这个人真靠不住”或者“他这样的性格，将来一定会吃大亏”的时候，其实我们自身也正在被负面情绪所笼罩。

没能指出他人的问题，我们有时候会觉得心里过意不去，或者错失了和对方相互理解的好机会，但是如果我们一味地去判断对方，给对方定罪，得出自以为是的结论，那就会彻底抹杀这些机会。

判断本身包含了大量的负面情绪，越是对自己亲近的人，越要注意减少不必要的判断。

“忘掉”过去，抛却记忆

另一件重要的事就是别沉溺于过往，要学会忘掉过去。人们往往容易执着于曾经发生过的事，在和他人交往的时候也会通过曾经发生的事来做判断。假如对方又做了同样的事，我们就会在心中点燃怒火：“怎么又出同样的问题了！”

> 那个人把我骂了一顿，那个人把我彻底否定了，那个人战胜了我，那个人夺走了我最宝贵的东西……当我们沉溺于过往——对记忆做出了反应，所以难以平息怒火——时，怨恨将如影随形。
>
> ——选自《法句经·一组诗》

“沉溺于过往”在佛教中是指“对记忆做出了反应”的状态。请务必理解这一点。

例如和他人发生争执的时候，最初愤怒只是针对对方，但当我们离开发生争执的地点时，却难以将刚才的争执从大脑中抹去，仍觉得心烦气躁、焦虑不安。之所以会如此，其原因不在于对方，而在于我们的记忆。

每当我们回想起过去，对记忆做出反应时，就会产生新的怒火。这就是愤怒无法消失的真正原因。这样的愤怒实际上和对方没有关系。

佛教中那些能够真正“避免心灵反应”的人，不论面对怎样的争执，只需要离开争执现场，或者看一眼对方背后的墙壁，就能平息愤怒。这话听起来很夸张，但却是事实，即使当时还有怨气，至少他们在离开争执现场后能够迅速整理好自己的情绪，因为他们心中明了“过去已经过去”。

当我们想起一些不愉快的回忆时，应当观察一下自己对这份回忆做出了怎样的反应。我们需要冷静地理解“过去的事已经变成回忆”这件事，应当极力避免对这份回忆做出反应。

永远的“初次见面”

“记忆始终是记忆。即使回想起往事，也无法改变任何现实。”这是佛教教义中的深奥智慧。

还有一条与人相处时的智慧，那就是将对方当作“初次见面的人”。佛教认为，人与人心都是不断变化的存在，也就是“无常”。

让我们来看一个简单的例子。请闭上你的双眼，思考一下某件事——可以是正在推进的工作，也可以是对未来的计划——将定时器设置为 5 分钟，在这期间，不断地思考这件事。当定时器响起时，确认一下自己到底思考了些什么内容。大部分人思考的内容和最初在头脑中设定的“一件事”都会有些许出入。这或许有些让人难以置信，**但心理学家认为，人类平均每天会有 7 万个想法（念头）涌入大脑，大约每 1.2 秒就会涌现一个。人们的心，就如同走马灯一般不断变幻，这就是“人心无常”的例证之一。**

人心无常，当然人也是无常的。很多人认为昨天的自己和今天的自己是同一个人，昨天见到的 A 君和今天见到的 A 君是同一个人。虽然这位 A 君长相、姓名、工作、住址都没有发生任何改变，但是实际上这位 A 君已经是“另一个人”了。因为他的心发生了变化。

人心发生改变时，很难再说这就是同一个人。**当我们永远记住对方“曾经是个怎样怎样的人”“曾经做过怎样怎样**

的事”时，我们和对方的交往就只是在和彼此的回忆打交道而已。

这样的想法根深蒂固，就如同看不见的规则一般束缚彼此，但实际上对方的内心已经发生了变化，对方现在是“另一个人”了。

哪怕是我们自己的内心，也在随时随地发生变化，所以这一点也适用于他人。**人心始终在变化，那么我们的每一次相遇都可以理解为“初次见面”。**一旦理解了这一点，不论是多么熟悉的朋友，都可以当成新朋友来相处。

“他以前说过这样的话，做过这样的事”的想法只是自己头脑中的“执念”而已。我们完全可以把每次相会都当作“初次见面”，让一切重新开始。

或许下次和老友重逢的时候，各位读者也可以尝试一下“初次见面”的体验。

相互理解

最后还有一个要点，那就是将“相互理解”作为最终目的。

我们已经知道与人相处时应避免多余反应，但这并非是指对他人无动于衷或者忍气吞声。有些人会不断忍受对方的无理要求，因为“不希望给对方添麻烦”“不希望破坏和对方的关系”“不希望让职场氛围太尴尬”之类的想法，一再忍让。

其实忍让这件事并不是对对方忍让，而是要“抑制自己的怒火”。心中已经涌起了怒火，但是却不断忍让，这只会增加自己的压力，严重的时候还可能导致抑郁症。

这种时候我们需要将心分成两半，一半用于理解对方的话语，一半用于观察自己的反应，以此来避免多余的反应。

另一个重要的前提则是相互理解，加深沟通，让对方理解自己的情绪、想法、思考方式。笔者认为没有比这更重要的事了。

告诉对方并让对方理解自己的想法和顾虑，这就是我们和他人相处时的最终目标。如果对方不愿意理解，也不愿意继续沟通，这样的人就没有继续相处的意义了。**不论怎样的关系，如果不得不单方面地忍受痛苦，那么这样的关系就是不合理的。**

如果希望让对方停止做某事，那就直截了当地告诉对方，这是我们能够做的事。至于对方如何理解，则是对方的事。

相互理解是一件很耗费时间的事，但也不需要着急，要保持“总有一天能够相互理解”的乐观和信任心态。如果能够和对方相互理解，那么内心的情绪就会发生变化，此时两人之间的关系也会发生变化。

佛教所思考的人生方向

最后还有一点，希望各位读者能够谨记。佛教中常常需要思考“方向性”——从今往后自己的人生目标是怎样的，自己该如何与他人相处等方向性。

和对方相处这件事属于“方向性”，让对方理解自己的心情也属于“方向性”。“方向性”的禁忌则包括与他人相互折磨，相互怨恨，这样的关系绝对不是人际交往的终极目的。

在生活中，有时候我们会陷入相互折磨的人际关系。在交往过程中并未明确交往的目的，只是过度执着于自己的期待、想法、要求和对过去的回忆，永远认为“自己是正确的，错在对方”。这也是佛陀所说的“执着会带来痛苦”。

或许这一点无法通过语言来彻底理解，但当你不得不面对“相互折磨”的人际关系时，可以这样思考：**我和对方并不是为了相互折磨而交往，我们是为了相互理解，为了彼此的幸福而交往。**

管理情绪的基本原则——重视快乐

在情绪方面，还有一个重要原则，那就是重视“快乐”。所有人都希望获得幸福，那么究竟什么是幸福呢？佛陀教导我们要关注心灵的状态，所以幸福或不幸福可以理解为快乐或不快乐。

“快乐”是指感到喜悦或欢乐时的心理状态，也就是幸福。

“不快乐”是指内心充满愤怒、恐惧或不安时的心理状态，也就是不幸福。

这并不是佛教独有的理解方式。据说世界上有一种原始生物，当它进食的时候（快乐）和遭遇危险的时候（不快乐），会从身体里放出不同颜色的光。从高等生物的角度来看，快乐和不快乐的时候身体所释放出的荷尔蒙也是不同的。也就是说，地球上的所有生物都存在快乐和不快乐的反应。

人类也是一样的。婴儿在开心的时候就会咧开嘴笑，不开心的时候就会放声哭泣，我们的人生也是从快乐与不快乐的反应之中开始的。

另外，佛教中将“快乐”表述为“乐”，“不快乐”表述为“苦”。**还有一个词叫作“不苦不乐”，也就是既没有快乐，也没有不快乐的状态。**

但是在“不苦不乐”的状态下，大多数人更容易陷入“不快乐的心理反应”。被欲望所驱使的人类，觉得“不苦不乐”的状态非常无聊，无聊就会导致不快乐。无论如何，人的心理状态永远都是“二选一”，我们的人生就在快乐和不快乐之间不停地动摇，这就是我们每天的生活。

如果希望获取幸福，就要更加重视自己“快乐的心理反应”；想要远离不幸，就要尽量避免“不快乐的心理反应”。

追求自己的欲望并非错误

那么，“重视快乐的心理反应”具体是指什么呢？

生物感到快乐的时候，往往是自己的欲望得到满足的时候，所以坦率而主动地满足自己的欲望，这就是通往幸福的捷径。

比如，仔细品尝自己喜爱的美食，保持充足的睡眠，和家人一起愉快地生活，重视兴趣爱好等“五感”上的快乐，也就是主动地激发“美味”“快乐”和“舒服”等心理反应，这些都能让我们感觉幸福。

或许有的读者会想：佛教不是提倡禁欲的生活方式吗？确实，佛教推崇“清心寡欲的修行方式”，为了达到让内心获得安宁的最高境界——也就是人们常说的“涅槃”——快乐和不快乐的反应都应当回避。佛教中确实存在这样严肃的一面。

但是这样的最高境界只是一种“方向性”，不可能成为世间所有人的共同目标。确定“唯一的目标”，让所有人都朝着目标共同努力的系统被称为“宗教”，但是对于普通人来说，能够摆脱苦恼、获取自身的幸福便足够了，所以我们在此传授的都是原始佛教中比较普世和开放的理念以及修行方式。

管理自己的欲望

如果说“只要能感受到快乐，就应该重视自己的欲望”，那么对于承认欲（希望获取他人认可的欲望），我们也有不错的“管理方式”。

例如“希望在工作中得到好评”“希望得到他人的感激”“希望得到表扬”等想法可以刺激人们的主观能动性，所以应该没有什么人会拒绝这样的欲望。**因此，假如你也有想要尝试和挑战的事物，那可以大胆主动地去满足自己的欲望。**即便动机是“想要赚大钱”“想要成为人上人”或者“想要在竞争中取得胜利”之类属于“烦恼”的想法，只要这样的目标能给你带来快乐，那就应该大胆地去追求。

但是在追求的过程中有一个先决条件：“满足欲望便能够带来幸福”这件事仅限于本人感到快乐的时候，相反，假如欲望过度膨胀，变成了“焦虑”“不安”“没有进展”

或者“努力之后也得不到认可”之类的不满时，我们就必须放下这样的欲望。**佛陀认为，感到“苦”（不快乐）的时候就是该放手的时候。**

人的一生永远处于“被欲望驱使，感到不快乐”和“享受快乐”的两种心理状态之中。**将欲望转化为自己的能量，去感受快乐的生活方式，这些是非常合理的**；对多余的欲望伸出双手，一旦得不到满足便感到不快乐的生活方式则是不合理的。

任何人都想要幸福地度过一生，所以我们可以多观察自己的心，看它是处于快乐的状态还是不快乐的状态，一旦感到不快乐，我们就该放下某些多余的欲望了。

增加内心的快乐，减少不快乐

心灵的反应取决于“用心”，有时候强烈，有时候微弱。假如你重视日常生活中的快乐，**在开心的时候能够用心地去体会到这一刻的感受，那么这种快乐就能更加持久和鲜明地留在你的身体里。**

是否用心，也会决定你的幸福有多少。笔者作为一名修行僧侣，每日都在实践“用心”的修行方式——参禅、正念和冥想。让自己的注意力游走于全身的每一处，体会脚底的感觉、呼吸时腹部的收缩与放松，在这样的状态下不会觉得无聊，心会永远处于“保鲜状态”。

增加快乐，减少不快乐，这就是收获幸福人生的秘诀。

人际关系产生爱，爱产生苦恼。

如果能理解爱就是苦恼的根源，那就能像犀牛角一般独自前行。

——选自《经集·犀牛角》

第4章

佛系处世：不要太在意他人的看法

从他人对自己的看法中摆脱出来

笔者认为，大部分人都比较在意他人对自己的看法。但是在意他人的看法是一件劳神费力的事，这样的在意会让人喘不过气来。**有时候过于在意他人的看法会形成一种压力和负荷，导致自己在重要关头发挥不出真正的实力。**这样的人可能会因为他人一句无心之失而伤心难过，或者因他人的一个表情就开始胡思乱想。

每个人都有自己真实的一面，我们不应当过于在意他人的看法。那么，作为“终极的自由人”，佛陀的想法又是怎样的呢？

“过度在意他人看法”的真正原因

为什么我们常常在意他人对自己的看法呢？我们可以想象一下在他人面前自己仍能内心平静的样子。当我们觉得自己被他人喜爱，或者能够受到他人认可的时候，内心就会比较平静。

所以说在意他人对自己的看法，这件事的本质在于“承认欲”。例如笔者认识的某位男性，在家里的五个兄弟之中排行老二——不上不下的位置——因为是二儿子，所以没有得到父母太多的疼爱。可能因为这个原因，他总希望得到他人的关注，因此特别重视自己的衣着，通过社交媒体不断扩展自己的人脉，成了公认的“社交家”。但他总是担心他人对自己的看法，心中充满不安。笔者认为，问题的根源还是在于承认欲。

当然，每个人都有承认欲，但是问题的关键在于“为什么变得如此在意他人的看法”。让我们看一下这其中的心理过程：**①想要得到认可（过于看重自己的价值），产生欲望；②对这样的欲望产生心理反应，开始在心里妄想：到底他人是如何看待自己的呢？简单来说就是，承认欲引发了妄想，这就是“在意他人看法”的本质。**

“在职场中同事们是如何看待自己的？”“我是不是被大家讨厌了？”“因为这次的事件，对方是不是已经不信任我了？”……这些不安都是由于过于重视自我价值而产生的妄想。

过多的妄想就会变成胡思乱想。总觉得自己被人讨厌，总觉得大家在背地里嘲笑自己，总觉得大家都在说自己的坏话，比较严重时，甚至害怕和周围的人发生视线接触，觉得周围的每个人都是敌人。

这是一种很严重的心理问题，而且这样的烦恼都是心结，只有自己才能解开。

要从这样的烦恼中解脱出来，方法只有一个，那就是清楚地意识到：这一切都只不过是自己的妄想。

不要对妄想信以为真

关于消除妄想的方法，有几点希望读者多加注意。

第一，妄想是没有止境的。不论是多么消极的事情，只要是妄想，就会轻易地浮现在脑海里。可以是不知廉耻的事、残酷的事，或者是平时对人说不出口的事，都会轻易地在脑海里形成妄想。这和“梦中的世界”是一回事儿。

通常来说，人类的大脑会将所有的见闻转换为“反应的记忆”。对于我们所看到的、所听到的，甚至没有太注意的事物，大脑都会做出反应，并以记忆的形式保留下来——在佛教修行中，如果能达到深度禅定的境界，也就是高度集中的状态，便可以体验到这种记忆——但是各种记忆交织在一起，有时候也会产生并不存在的妄想。愤怒、忧郁或怀疑等各种心理活动会让人失去理智，“无中生有”。

笔者曾经在佛教讲座中听到过这样的发言：有的人年幼时有过迷路的经历，于是会经常梦见双亲去世；有的人年幼时被母亲狠狠地责骂过，就在梦中见到母亲拿着刀要杀死自己。真是啼笑皆非的梦，可见梦和妄想都具有“无中生有”的特点。

在现在这个时代，通过网络和大众传媒，有无数的信息和影像涌入我们的视野，这些信息往往也是烦恼的根源。**这些被动输入大脑的“反应的记忆”可能会以我们自己也未曾想象过的形式重现在脑海里。**

但是，这一切终究只是妄想。从一开始就应该清楚意识到：妄想绝对不能信以为真，妄想始终只是妄想，不论浮想起什么内容，都别做出反应。

放下无法确认的事物

另外一点需要读者注意的是，妄想是一种无法确认的事物。人们在做梦或者产生妄想的时候，可能会这样思考：“这是不是预示着要发生什么重大事件呢？”或者“是不是因为某个原因才做了这样的梦呢？”

笔者无法否认现实和妄想之间可能存在着某种关联性，但重要的是，我们没有任何方法可以确认妄想的本质究竟是什么。一旦想要确认或者相信妄想中的内容，我们就会步入“妄想的世界”，相应地，我们就和“正确的理解”渐行渐远。

我们该追随妄想而去，还是采取正确的思考法？这完全取决于我们自身。在佛教中，答案显然是后者。

此外，其他宗教与佛教（Buddhism），即觉醒者的思考方法相比，其最大的不同点在于“能否从妄想之中找到真理”。

在众多其他宗教的精神世界中，都会把“无法确认的妄想”奉为真理。超自然现象、占卜，在与这些近似的其他精神世界中，确实存在这样的倾向。但是从佛陀的思考法来说，任何无法确认的妄想都应该从一开始就果断放手。对此，佛陀自身也明确地叙述了其理由：

> 世界是永远存在的吗，还是会迎来毁灭的一天？世界是有限的存在，还是无限的存在？灵魂存在于这个世界上吗？死后的世界里有没有天堂？我认为，这些都是无法确认的事情。
>
> 因为即使确认了这些问题的答案，对于清心寡欲、超越欲望所带来的一切苦恼的修行本身来说，这些答案也是没有任何帮助的。

我认为能够实现上述这些目的，或者能帮助我们实现这些目的的事物才是切实存在的。

那就是：①人生始终和苦难相伴；②苦难都有根源；③苦难都能解脱；④存在解脱的道路。此即四圣谛。

——选自《对弟子玛伦普塔的教诲·中部》

在现代社会中，我们需要格外重视佛陀这种坚定而合理的态度。不论面对怎样的苦难，都不要无谓地去追寻前世因果和死后世界等无法确认的事物，因为原始佛教认为这些事物对于摆脱苦难是不必要的，是否追随这些无法确认的事物是每个人的选择。但更重要的是要为自己的人生找到一个明确的目标。**佛教的目标就是让人们理解现实中苦恼的真正含义，并从中解脱出来，恢复自由之身。**

摆脱苦恼的方法包括禅法和内观等理解和净化心灵的修行，以及以慈悲为主的多种思考法（佛教的本质）。通过实践这些方法能帮助我们从现实的苦恼中解脱出来。

我们不应追随妄想而去，而应该仔细理解自己的内心，学习合理的思考法。**既然你的苦恼来源于你的人生，那么你必然能够从自己的人生中找到解决之道，这一点是毋庸置疑的。**

对于在意他人看法的人来说，首先要忘掉自己的妄想，因为妄想就是让你在意他人看法的元凶。希望每位读者都能借此机会，重新审视自己和妄想之间的关系。

妄想始终只是妄想，妄想可以无限大，没有任何根据。从此以后，不再追随任何妄想，这才是正确的思考方式。笔者相信，在不久的将来，大家的心灵都能重获自由。

远离那些让你烦恼的人

特别在意他人看法的心理，有可能是由某个特定的人造成的。所谓“他人的看法”，有时候是指“某个特定的人的看法”，如果明白了这一点，就能解开许多常年困扰着你的烦恼。

特别篇

为什么总是觉得焦躁不安？

有一位女性有这样的烦恼："总觉得不爱和人打交道，有时候朋友打电话来问候我最近过得怎么样，我就会不耐烦地觉得人家是多管闲事。"

这位女性的母亲从她小时候开始就对她的生活各进行种干涉，接近病态。母亲会确认她和怎样的朋友来往，在学校参加了哪些社团活动，穿什么颜色的衣服，剪了怎样的发型，甚至会检查她摆放课本的顺序。十来岁的时候，她准备将自己的不满告诉母亲，可当母亲得知女儿对自己有意见时，竟陷入了歇斯底里的状态，所以母女间的问题始终得不到解决。她只好不断忍耐，好不容易等到大学毕业，才从父母家中搬出来独居。

而这位女性虽然工作非常出色，但是她的内心始终是焦躁不安的。她总觉得周围的同事会检查她所做的每一项工作。虽然她平日面带微笑，但是内心却充满了“真烦人”“都是碍事的人”或者“全部给我滚蛋”之类的恐怖妄想。只有等到周末，她才有种得到解脱的感觉，然后埋头大睡一整天。这时候只要朋友或者父母打来电话问候，她立刻就被莫名的怒火所吞没。

这位女性的压力并非来自工作和人际关系，而是来自埋藏于内心深处的心理阴影，也就是母亲所带来的阴影。被母亲无端地干涉生活而产生的愤怒情绪才是令她焦躁不安的真正原因。

如何扑灭“怒火的火源”

佛教认为，心灵的反应会带来一系列连锁效应。佛教中有个词叫作“缘起论”，意思是说，为了理解内心的真实想法，我们首先要找准“本质”。

> 当人处于无明（未理解）的状态时，心灵就会做出反应。心灵对任何刺激都会做出反应，产生情绪、欲望和妄想。当我们对于这些不切实际的事物过于执着时，就会形成某种心理状态，而这种心理状态又会产生新的反应。无穷无尽的反应就构成了烦恼。
>
> ——选自《菩提树下的缘起顺观 · 无问自说》

也就是说，发生接触，做出反应，产生情绪、欲望、妄想和记忆等“强烈反应的能量”，这样的强烈反应被称为“结生”（巴利语 Sankhara、英语中被译为“心理形成”，即 Mental Formation）。**这就是留存在记忆中、体现在表情和行动上的强烈反应。随后这些反应会对新的刺激，产生类似的反应，由此陷入恶性循环。**

例如有人在外碰到不开心的事，心中产生了怒火，回到家后就会因为小事而对家人发脾气；又或者有人曾经有过很惨痛的经历，当时产生的怒火始终得不到平息，因为一些小事就会触发痛苦，勃然大怒；又或者有人在学校里受人欺负，这样的心理阴影一直消散不去，长大后站在众人面前发言时总是紧张得说不出话。以上这些，都是由心结造成的。

这位女性的内心深处隐藏着幼年时被母亲过度干涉生活的记忆，还有始终无法排遣的怒火。这些记忆和怒火在外界的刺激下产生了前文所述的各种恐怖妄想。

这种反应，就如同一碰到新的外界刺激就会爆炸的“地雷”。人们常说的“易怒”“神经质”“情绪低落”和“社交恐惧症”等症状的背后，可能都隐藏着这样的反应。

所以我们首先需要意识到心理反应的存在。人们一般会借助心理咨询或镇静剂等药物手段来稳定情绪，但如果没有理解到问题的根源在于“反应”的话，这些手段都只是治标不治本。

更进一步而言，我们可以通过理解心理变化的状态和经过来看清反应背后的其他问题，**现在胸中的怒火说不定就来自于某一段尘封的记忆。当我们意识到记忆和怒火之间的关系时，才能真正解决问题。**

一扫多年烦恼的方法

对于上面这位女性来说，她对母亲的怒火和记忆才是烦恼的真正原因。在此，笔者给她开了三份处方。

第一，意识到自己做出了反应，避免进一步的反应。如果回忆起母亲曾经对自己的生活有过过多干涉，那就在头脑里反复默念："这只是我的记忆，只是一段过往。"通过在头脑中不断重复意识词语的方法（前文提到的标记法），努力地从反应中挣脱出来。这里的意识词语就是"记忆"。

同时需要清醒地理解，在自己的心中还有怒火未能平息。或许有的读者会觉得对父母发火是非常无礼的行为，因而产生罪恶感或自责感，其实没有这个必要。**我们只需要正确理解心中还存在怒火这件事。而意识到怒火的存在，将**

会成为“放手”的最佳契机。

第二，意识到自己的感觉。身体的感觉和记忆以及情绪是完全不同的存在，将意识集中于身体的感觉，更能够让人恢复内心的平静。

例如儿童在发火或者哭泣的时候，给他嘴里喂一块糖，或者给他看看喜爱的动画片，他瞬间就能破涕为笑。这是由于“对情绪做出反应的内心”转而“对身体的感觉”做出了反应。

对于成年人来说，这一点也是适用的。当我们想起一些不愉快的回忆，或者因为不快的情绪而烦恼时，可以尝试着将所有意识集中到身体的感觉中。外出散散步，做做运动，泡泡澡，这些都是很有效的方法。上文中的这位女性就采用了高温瑜伽的方法排解烦恼。

第三，切断反应的根源。最终，这位女性决定和“超级爱干涉”的母亲保持一定距离。

父母与子女之间的不好的关系，往往是让某些烦恼剪不断理还乱的根源所在。究其原因，**是因为父母和子女各有各的脾性。每次交流都是一种重复，当然交流中出现的反应也是相同的。**如果这样的反应是积极的、能够带来愉快心情的话那还好，可如果它是消极的、会带来负面情绪的话，就会形成棘手的亲子关系。

父母和子女的不好的关系，有时就是苦难“轮回”（重复）的根源。不少人在平日里情绪还算稳定，但是每次一回到父母家，就会莫名其妙地变得情绪暴躁。

如果这样的关系就是导致烦恼的根源，显然我们应当与之适当保持距离。如果这样的关系让烦恼日益增加，那么我们也可以考虑暂时将其中止。

对于大部分人来说都很难做到这一步，但是**暂时中止关系对于重新构筑良好的关系也是必不可少的。**比较理想的相处状态是和对方保持一定距离，直到能够不再对曾经的记忆和对方本身做出多余的反应为止。这需要在时间和空间两方面条件的配合下才能实现。

在这个过程中，我们应该保持豁达的心态，要相信总有一天能够与对方和解，或者用不了多久就能解决问题。但是人心始终是变化无常的，我们周围的环境也在时刻变化，因此第一步只需要做到和对方保持一定距离即可。

这位女性果断地决定暂时断绝和母亲的任何联系。她爽朗地告诉笔者：“我决定结婚后再考虑和母亲建立新的相处模式。”她说这话时的表情令人印象深刻。

人际关系产生爱，爱产生苦恼。
如果能理解爱就是苦恼的根源，
那就能像犀牛角一般独自前行。

——选自《经集 ·犀牛角》

停止比较，专注于眼前的工作！

任何人都知道一个道理，那就是做好自己该做的事，但是我们常常被别人影响，甚至忘掉自己手头的工作，尤其是爱和他人进行比较这一点，绝对是产生烦恼的根源。请问各位读者能否真正停止比较、心无旁骛地做好自己该做的事呢？如果遵循佛陀的思考法，这是完全能做到的。

过度比较是一种不合理的思考方法

人们为什么如此热衷于比较呢？在杂志上看到某个年龄层的平均年收入统计数据时，有的人会暗自高兴，有的人会沮丧不已；看到在各种行业中活跃的青年才俊时，有的人会觉得不甘心，有的人会感到焦躁。人们的心时刻都在观察外界，通过收集职业、地位、收入、外表、学历、评价等各种信息来确定自己的位置。这究竟是一种什么心理呢？

当一个人能够自己肯定自己、不需要通过别人的认可来确认自己的价值时，这种和外界进行的比较也就不再有必要了。正因为无法彻底肯定自己，无法理解自己，所以才想要通过比较的方式来确认自己的价值。或者可以理解为，人们在比较中，总希望自己占据上风。

但过度比较本身是一种非常不合理的思考方法。究其原因：

第一，所谓比较的心理活动其实是一种不存在的虚拟妄想，因此我们无法通过比较获得真实感受。

第二，无论怎么和他人进行比较，自己的状态都不会因此发生变化，所以越比较，越不安。

第三，要想在比较之中找到一丝安全感，就必须占据绝对上风才行。但没有任何事情是绝对的，所以这一点也不可能办到，因此人们总是感到不满足。

综上所述，过度比较是一种非常不合理的、没有价值的思考。

即便如此，为什么人们还是如此热衷于比较呢？大概是因为我们的心已经对妄想习以为常了。

妄想是易如反掌的事，人们习惯于妄想。虽然无法改变现实，但是可以轻易地进行比较。通过比较，偶尔也能找到一些优越感，因此人们便不由自主地开始比较。换句话说，**人们热衷于比较的状态，和热衷于妄想时的状态没有任何区别，都属于无所事事，消磨时光。**

> 人们总是认为自己才是最优秀的，而周围人都不如自己。贤者领悟到，这才是产生苦恼的偏执所在。
>
> 停止和他人进行比较。因为不论比较的结果是势均力敌还是比对方逊色或优秀，都只会带来新的烦恼。
>
> ——选自《经集·至高的思考》

一定能实现目标的“正确的努力方式”

如果说比较是始于承认欲的妄想的话，那么我们应当尽早远离它，因为还有更多值得做的事情在等着我们。

满足自己的“承认欲”，需要采用正确的努力方式，具体来说，就是要做到以下三个方面：

① 将想要得到认可的想法转化为动力，改善现在的工作和生活。

② 在任何时候，都做好自己该做的事。

③ 将自己的理解作为基准。

只要你没有出家的打算，满足自己的承认欲也是无可厚非的。“不想输给对方”“战胜对方来捍卫自己的尊严”“希望能够得到好评”之类的想法如果能够变成自己的行动力，那就是有益的。但是我们只能将这些想法转化为动力（动机），而不能将其作为我们的目标。因为他人是否给予好评这件事完全取决于他人，是自己无法控制的事。如果将他人的评价当作目标，那就会陷入“在意他人看法”的痛苦之中。

希望得到他人的认可，希望得到好评，希望获得（别人眼中的）成功，这些都取决于他人的决定，属于尚未发生的事。自己口中的话语、这一瞬间的想法和现在能够做到的事情之外的所有一切，都不过是妄想。**佛教认为，不论在怎样的情况下都不应当将妄想当作目标。**

“希望得到他人的认可”的想法，这只是一种动机，或者是体现最终成果的一种“方向性”，**但是一旦开始去做某件事，我们就可以切换到佛陀的思维方式——改善，集中，然后加以理解。**

改善、专注、理解——寺院中“作务”的效用

作务，是指寺院中的僧侣做杂役等各种体力劳动，和坐禅一样被视为重要的修行之一。

不论是在工作中还是生活中，当我们做某件事之前，首先要有“改善”的观念。改善，在佛教中是指想方设法带来愉快的心情。工作的推进方法、小道具、背景音乐、环境、配色、电脑软件、手机的应用程序、和他人的交往等，任何事物都存在可以改善的余地。

前文已经说过，人类的内心永远只有快乐和不快乐两种状态。当我们感到不快乐的时候，就会想要逃避问题（也就是压力）。相反，**如果感到快乐，就会更加执着于眼前的对象（也就是动力）。**只要抓住这一点，我们就能通过改善周围环境的方式来体验快乐。

进一步来说，“正确的努力方式”并不是指对“希望得到他人认可”或者“希望成功”之类的来自外界的判断因素的追逐，而是**说不论最初是什么动机，一旦开始做某件事，就应该找准“内在的动机”并加以努力。也就是重视注意力的集中和充实感等内心的快乐，在这样的状态下完成自己该做的事。**

寺院中的“作务”就是指这样的实践方式，不在乎最终结果是否有意义，而是认认真真、心无旁骛地体会充实感和磨炼心性的快乐，将自己的理解作为最终目的。

禅的智慧：专注于“自己的工作”

所谓“自己的工作”，是指对自己来说有必要、有用、能够自己完成的任何事情。这些事和他人的意见以及周围的环境没有任何关系。

所谓“正确的努力方式”就是指，忘掉外部世界，沉浸于自己的工作之中，在这样的过程中找到自己的积极的思考方式。

能够忘我的人才是成功的人。借助禅的智慧，笔者归纳出了“集中于自己的工作”的步骤。

1. 闭上双眼——这是人生中最重要的“用心”

我们过于在意外部的花花世界，总是被外部世界吸引，无法使内心的情绪保持平稳。**只要接触到外界，就会做出反应，这就是人心。**你的内心并没有你想象的那样强大。任何事物都是反应的根源，越是做出反应，越会产生多余的杂念，所以首先我们要理解，这就是内心的真实构造。接下来我们需要闭上双眼，静下心来，将注意力集中于自己的内心深处，这是一切工作的出发点。

2. 消除所有“不必要的反应”——闭上双眼后，观察自己内心的状态

疲劳、压力、不满、紧张，以及其他如同飘浮在空气中的尘埃一般的杂念将逐渐浮现在我们眼前。但不管是怎样的念头，都是客观而合理的存在。

观察时间没有特别要求，30 秒或 5 分钟都没问题，完全可以自行决定。如果在情绪比较焦躁的时候，建议将时间延长至 15 分钟。

闭上眼，继续观察自己的内心。如果做到这一步，就能让自己的心平静下来。这就是消除不必要反应的正确方法，

也是让心灵恢复平静的好方法。

3. 睁开眼，专注于眼前的工作——到时间之后，睁开双眼，然后开始从事眼前的工作

最初的干劲儿非常重要，当我们消除了所有不必要的反应之后，就能够集中注意力，专心致志地从事眼前的工作。

随着时间的推移，我们的注意力可能逐渐下降，最终甚至无法集中注意力。这种情况下，可以稍微休息一下，然后从上述第 1 条，“闭上双眼”重新开始。

上述方式就是佛教中的“八正道”的“日常生活版本”。**“八正道”是指八种对于实现目标必不可少的实践性方法，其中包括①正念、②正定、③正精进这三点。**

①正念是指集中意念，通过口头语言来确认内心反应的方法。②正定是指将注意力集中于一点。③正精进是指持续地集中意念和注意力。如果能同时实践这三种方法，就会进入叫作“禅定”的高度集中状态，也就是“内观冥想禅法”。

当然，这三种方法也适用于日常生活中“集中于眼前的工作”这样的情况。上述三个步骤就是对这三种方法的归纳，希望所有读者都能在工作和生活中实践这样的“注意力集中模式”。

闭上眼，静下心，然后睁开眼，开始专心致志地沉浸到自己的工作中去——**在佛教中，开始做某事的信念被称为“决定”**——就如同撑竿跳之前的助跑一样，通过这三个步骤，会让你的工作质量有质的飞跃。

“无心”与“尽心”

一旦进入工作状态，就不需要在意他人的意见，也不应对外界产生任何妄想。

专心致志的时候，忘掉周遭的一切，进入“无心”的状态。在一定的时间段内，将所有的精力都倾注于工作之中。

此时，“不必要的反应”已经彻底消除，内心变得澄澈透明，能够体会到集中注意力所带来的充实和喜悦。这时心中的实际感受就是“理解”。如果能够做到这一步，那么任何人对你的评价都不重要了。只要集中注意力，就能自然而然地得到成果，受到他人的感谢，或者得到表扬。但是，在集中于眼前工作的过程中，我们对于工作本身已经有了彻底的理解，因此能不能得到感谢和表扬都完全不重要了。知道自己该做什么，平心静气，将所有的注意力集中于眼前的工作；完成工作后，能够彻底地理解工作的实质，最后干脆利落地结束工作。

综上所述，在这个过程中，他人的意见或评价都变得不再重要。佛陀认为，注视自己的内心，答案自明。

不要因为外界的因素而舍弃自己该做的事。要了解自己该做什么事，专注于自己该做的事。

——选自《法句经·关于自我》

青莲、红莲、白莲皆萌生于水底，成长于水中，绽放于水面，却未被污泥所染。

开悟之人，成长于俗世，却未被俗世所染。

——选自《五部》

第5章

佛系竞争：以『正确的动机』面对竞争

竞争是一种无法逃避的现实

在现代社会，竞争是一种无法逃避的现实。但是在竞争的过程中，紧张、焦虑、争强好胜等各种压力总是如影随形。在竞争中失败时，又会因为失败和自卑而陷入沮丧。竞争总是令人烦恼。

那么有没有能解决这种烦恼的方法呢？如果能理解竞争的真相，能够掌握正确的竞争方法，我们就可以摆脱竞争所带来的苦恼。

竞争源于“索求之心”

归根结底，到底什么是竞争呢？佛教提倡人们审视自己的内心，其实竞争也是一种源于“索求之心”的现象。

世界上所有的生物都在欲望的驱使下生存，生物的大脑将满足自己的欲望当作生存的终极目的。但是对于人类来说，欲望并非单纯的衣食住行，还包括承认欲——地位、自尊心、学历、容貌、职业背景等各种因素。

这些因素的总量是有限的，因此想要满足同样欲望的人们便开始了互相争抢，成功抢到的人便是胜利的一方。这就是竞争的雏形。

竞争并非单纯的互相争抢。每个人都有贪欲，希望占据更有利的地位，希望比别人出色，希望比别人地位高。贪欲是没有终点的。只要内心还有贪欲，我们就总想着要满足新的欲望，获取新的胜利，这样的念头让我们又前赴后继地投入到新的竞争中去。

被承认欲所吞没的人们总想着如何进一步取胜，如何进一步得到他人的认可，也就是说，**竞争这种心理状态是由“满足获取物质的原始欲望”和“无法满足于已获取物质的贪欲（内心的饥渴）”两部分组成的。**只要人活着，就无法摆脱欲望。如果被这些欲望所包围，就会无意识地陷入无穷无尽的竞争中。

人们总是无法满足，总是贪婪祈求，总是争强好胜。这是一种被欲望吞噬、内心饥渴的状态。

——选自《舍弃贪欲的人·相应部》

胜利真的甜如蜜吗？

竞争来源于争强好胜的欲望，同时现代社会的结构也让人们无法摆脱竞争。

只要有人的地方就有竞争。企业之间会互相竞争，比拼业绩；员工之间会互相竞争，比拼工作实力，争取早日出人头地；就连幼儿园的小朋友都会互相争抢心爱的玩具，比较大家谁的成绩更好，谁的朋友更多。

其实社会中的许多竞争原本都是客观存在的，在资源有限的情况下，竞争就开始了。

比如，在学习中过分关注分数，这就是一种典型的莫须有的竞争。任何人都体验过学习这件事，只要幼儿进入到学龄阶段，就会开始重视自我价值；到了中学阶段，很多学生都把分数视为命根。

学习的本质是掌握知识和能力，比起因为成绩好坏而时喜时忧，学生还有许多其他值得思考的事情可以做。但是周围的成年人——父母和学校里或培训班的老师们——却在他们耳边不断重复：“这就是你的分数！这就是你的名次！这就是你现在能考上的学校！”是成年人将判断学生价值的统一标尺摆在了学生面前。

学生可能未曾思考过该通过什么来判断自我价值，但是却通过比较分数和成绩等方式学会了如何评判自我价值，于是学生的思考方式就发生了变化：①希望得到家长和老师的认可；②要想得到认可，就必须提高成绩；③所以要把提高成绩作为学习的目标。

但现实生活中，不少学生（甚至包括阅读本书的你）都有过一个共同的疑惑：提高成绩这样的目标是没有实体的、没有根据的目标。

不明白为什么要学习的学生往往在直觉上能够意识到：在学校的学习只是一种机械性的欲望。在学校的学习并不快乐，也无法满足自己真实的求知欲。**明明不快乐却不得不继续学习，这是一种很不自然的状态。**

但是学生也有承认欲，对这样的欲望很容易就会做出反应。在成绩决定自我价值的价值观的影响下，他们便会拼命努力学习。同时周围的家长和老师也会用同样的价值观来判断学生，导致学生产生了一种“只要成绩好就什么都好”的错误判断。

如果能够像佛陀一样开悟，或许这些学生就能“像犀牛角一般，独自前行”。但是希望得到家长认可的学生就如同

“被蒙蔽了双眼的野猪”，一个劲儿地往前冲，学得昏天暗地，誓要争当学霸。围绕学习能力的过分竞争便如此轻而易举地让学生卷入其中。

这样的竞争来源于扭曲的价值观和错误的判断，同样也属于过度的欲望。它是成年人将分数和价值绑定在一起而产生的误解。而在某些学校和培训班里，对老师们而言，提高学生的分数和自身的利益是挂钩的。

对于父母来说，如果自己的孩子成绩优异，便能够满足自尊心（承认欲），他们通过子女来实现自己年轻时未能实现的愿望（也可以理解为不甘），例如考入名牌大学。而学生们也逐渐地从学习中发现“胜利”的价值，只要分数比别人高，就能被老师和家长表扬，就能维护自己的自尊心。

在这样不良的竞争过程中，人们的欲望得到了满足，但这样的满足就如同有毒的蜂蜜，甘甜却有毒害。但人们无法摆脱这样的欲望，所以也无法从成绩所代表的价值观中清醒过来。

世界上没有永远的胜利者

曾经笔者也亲身体验过学习中存在的激烈竞争，参与竞争的人们有一个共同特点，就是拼死也要维护自己的自尊心。

在竞争的世界里，满足自我绝对不是最终目标，人们热衷于通过各种形式来满足自尊心，并乐此不疲。该念哪所大学，该找怎样的工作，这些选择的前提都是如何在维护自尊的竞争中取胜。就算工作几十年，就算迎来了退休，这些人也还是执着于维护自尊心。

一旦参与到了这样的竞争中，往往就会骑虎难下。虽然成绩优异、聪明、取得胜利和自尊心都不过是由承认欲所产生的求胜欲望，可一旦失去这些字眼，就会被评价为“不如别人”。没有人喜欢这样的评价，所以总是拼了命地继续埋首于竞争。当然，**陷入竞争中的人们总是眉目焦灼、在意他人的看法、内心充满胆怯和饥渴。**

> 这个世界充满了斗争、争吵、担忧、悲伤、吝啬、自我存在感、傲慢和诽谤中伤。然而这一切终将逝去，皆是一场幻梦。
>
> ——选自《经集·斗争·武器》

谁都无法否认世界上存在竞争，有时候失败也确实会导致一些实际损失，所以人们才会产生如此强烈的求胜欲望。但是，若过于执着于“胜利”这一单一价值，我们最终只会陷入无止境的竞争之中。

没有任何人能永远胜利，况且胜利者始终是少数人，大多数人都不得不体验失败的苦味，因此只要不转换思维，失败所带来的痛苦将会伴随一生。

佛教本身并没有否定现实，没有否定竞争，但是也没有囫囵吞枣地迎合现实，佛教所思考的，是如何正确地面对竞争，它要求人们首先要明确自己的心态。

竞争中的“第三种选择”

我们究竟该如何面对竞争这一现实呢？大多数人会想到以下两点。

①参加竞争，以取胜为目标，认定这就是普世的规则。

②避免竞争，选择不同的生活方式。

在现代社会，和成功学相比，“避免竞争，自由地选择生活方式”的理念得到了许多人的认可。一般来说，人们都认为佛教的思想属于第②点中的避免竞争。但实际上佛教认为，更重要的在于内心的态度，这是一个更深层次的问题，也就是应该以怎样的心态活在现实中的问题。佛教并没有否定竞争这一现实，而是在思考如何在现实中明确自己的心态，所以我们还有第三种选择。

③以正确的动机来面对竞争。也就是说，除了取胜这一动机外，还可以通过其他动机来面对竞争。在胜利和失败这种二选一的价值观以外，还有其他的价值观值得我们选择。

佛陀的教导 1：闭上双眼观内心

可能有读者会思考，以佛陀的思考法真的能在竞争型的社会中生存下去吗？佛教认为这是可能的。但是首先，我们必须从过度竞争这一无意义的游戏中彻底清醒过来。

假设某一天因为竞争而倍感疲惫的你拜访了某禅寺的高僧。高僧让你先闭上双眼，闭上眼之后，眼前就只剩一片黑暗。在这片黑暗中，没有判断胜负的人类社会。在黑暗中，你所想到的一切都取决于你现有的思考方法。

——“我怎么可能输！”

——“我一定要取胜，我要让大家认可我的实力！”

——“我可不想被人小看！”

或许在黑暗中，你的内心涌起了这样的一些念头：对于胜利的欲望、自尊心、虚荣心、面子——这些念头全部都产生于内心的阴暗面——还有被别人超越、不如别人、输给别人、自己没有什么价值等念头也来源于此。

对于这些念头，首先需要正确地理解。

①每个人都有索求之心。

②每个人都有想要获胜的欲望。

③对于胜负的判断，和他人进行对比的意识，被竞争所驱使而无法停下的脚步，这一切的一切都源于内心。

因此，刚才眼前所浮现的杂念全都属于妄想 。“想要获胜”“已经获胜”“不想输”“已经输了”……这些念头都是妄想。

此时睁开双眼，注视眼前的一切景象——不论是室内的光景，还是室外的风景——现在映入眼帘的只有光线，刚才脑海中浮现的所有妄想在现实中都不存在。在这一刻，我们能够强烈地体验到：刚才脑海中的一切杂念只不过是一场妄想。

佛教提醒人们认清竞争的实质，让人们思考该以怎样的心态去面对竞争，这种思考方法与世俗的思维方式有本质上的不同。**无论外界如何，首先要做到的一点是认清自己的心，清楚理解自己的内心是以怎样的状态和外界相接触的。**

闭上双眼时，过度的求胜欲望所带来的只是一阵妄想。意识到这种妄想，并从中清醒过来，这就是从过度竞争中解脱出来的第一步。

佛陀的教导 2：睁开双眼看真相

人们总是对外界做出各种反应，在求胜欲、面子和自尊心的驱使下前行，并且想方设法地获取能够满足这些欲望的物品、财产、评价、学历和自尊等等。对于胜利的向往无时无刻不在束缚着人们，即使取得了一次胜利，内心也难以平静，总是希望获取更大的胜利。

相反，如果在竞争中失败，人们又常常耿耿于怀。就算上了年纪、回首往事的时候，也会禁不住感叹："如果当时能够这么做，我说不定就赢定了！"大多数人沉湎于求胜的欲望中，彷徨不安地度过一生。

佛教向人们提出了疑问："如果继续这样的人生，将永远也得不到满足。如果终生都无法满足，这还是一条正确的道路吗？"

竞争实际存在于现代社会。想要在竞争中取胜也无可厚非，但是该如何面对竞争这一现实，却是每个人自由的选择。我们唯一能做的就是从过度竞争的妄想中睁开双眼，保持清醒。只有做到这一步，我们才能选择是继续参与竞争，还是远离竞争，抑或是以新的动机面对竞争。而真正地认清自己，这是此后的步骤。

当我们太过在意他人的意见时，应当闭上双眼。当我们因为求胜欲望而陷入苦恼时，应当睁开双眼。

闭上眼，是为了避免一切多余的反应；睁开眼，是为了看清什么才是妄想。希望读者都能加以实践，让自己的心灵重获自由。

能见者，亦可不见；能闻
者，亦可不闻。大智若愚。

——选自《长老卡查雅那的箴言 · 长老偈经》

对内心置若罔闻，沉迷于外
界反应的人，只会陷入欲望
的泥沼。能够充分理解自
己的内心和外部世界，才能
远离烦恼，从欲望中解脱。

——选自《佛弟子拉昆塔卡的自白 · 长老偈经》

用“正确的动机”面对竞争

现在我们有三个选项：①参与竞争；②避免竞争；③用“正确的动机”去面对竞争。此时，问题的关键在于什么是“正确的动机”。当我们以正确的动机去面对竞争时，完全能够避免过度竞争所带来的众多苦恼。

改善人际关系的“四种用心”

佛教将人与世界的相处方式分为四种，分别是①慈、②悲、③喜、④舍。

①慈（慈爱），这是期望他人幸福美满的用心。它和自身的期望与欲望无关，只是单纯地希望他人能够获得幸福。

②悲（悲悯），这是指理解他人的悲伤与痛苦的用心，能够对他人的悲伤产生共鸣。

③喜（喜乐），这是指理解他人的喜悦和欢乐的用心。

④舍（舍离），这是指放弃和舍弃多余反应的用心，也被称为“中立心”。例如，当心中产生欲望和愤怒等反应时，能够及时抑止这些反应。

现代社会将以上“四种用心”统称为“爱”。其实爱这个词过于暧昧不清，有时候甚至会成为人们相互折磨的理由，而佛教将“爱”分解为更加严密的四个部分。只要生而为人，任何人都有这“四种用心”。

希望家人和子女能够幸福，希望周围的朋友能够顺利地度过一生，这就是**慈爱之心**。

当周围的朋友生病或感到烦恼时，自己也会感受到那份痛苦；当我们看到遥远的国家或地区发生了地震，也会发自内心地希望参与救援，这就是**悲悯之心**。

看着宠物小狗大口大口地吃着狗粮，感到非常开心；看到孩子们在公园里嬉戏玩耍，感到非常幸福；对喜悦和欢乐产生共鸣的，就是**喜乐之心**。

原谅他人，放手过往的回忆和愤怒，避免多余的苦恼和反应，这就是**舍离之心**。

或许最难做到的就是舍离之心。因为每个人的心中都有执念。想要满足自己的愿望，无法原谅他人，想要得到他人的认可，想要在竞争中取胜，这些都是我们心中的执念。

有些人对于自己偏执的想法，有时会通过“为了他人、为了世界、为了正义和爱”之类的名目使其正当化。但是在佛教中，这些所谓的“爱”和“正义”都只是单纯的词语罢了，佛教重视的是如何正确地认识自己的心以及心灵的反应。

活得明明白白的人生

任何人都有上述这“四种用心”，但是让人意外也很遗憾的是，不论是在学校还是社会中，我们很少有机会去明确地领悟“慈、悲、喜、舍”这四种用心。这些用心与其说是宗教的思想，倒不如说是我们每个人与生俱来的一种普世的心态。

尽管如此，现代社会中已经鲜有人意识到它们的存在，因此越来越多的人被欲望、愤怒、妄想所驱使，内心在不知不觉间做出多余的反应，度过苦恼的人生。

不顾家人的想法，永远任性妄为，也不曾注意到家人的痛苦；在工作中过分看重他人对自己的评价、成果和收入，将周围的同事和企业的利益放在第二位；过于在乎自尊心、胜负和优越感；沉溺于懒惰和快感，内心永远得不到满足；

走不出曾经的失败，又对未来感到不安……虽然知道这样的心态不太好，但又不清楚究竟哪里不好，内心总是饥渴和焦躁，但又找不到解决之道。人们就在这样痛苦的现实中踱步前行。

那么我们如何才能摆脱这样浑浑噩噩的现状，如何才能明明白白地度过自己的人生呢？答案已经很明显。**佛教将“慈、悲、喜、舍”这四种用心看作最根本的人生动机。**

承认他人的努力

当我们将“慈、悲、喜、舍”作为最根本的人生动机时，人生会有怎样的改变呢？下面笔者将以某位男子的故事为例，为大家讲述。

这位男性就职于一家有名的外资企业，从事咨询类的工作，高学历，年收入高达数千万日元，属于社会精英人士。但是他所处的职场环境里，充满了各种明枪暗箭。假如有同事生病、工作出错或者失职，其他人就会在背地里落井下石，暗自开心，真是钩心斗角得厉害。

这位男子因为职场压力患上胃病，长期服用胃药，甚至担心巨大的压力会导致精神问题，开始犹豫是否要辞职。笔者给出的建议是，用悲悯之心与职场中的同事相处。

在竞争激烈的职场环境中，如果与他人相处时过分重视自身的欲望（求胜欲），那么内心就很容易被愤怒点燃。当然放弃工作也是一条出路，但是在此之前还有更需要注意的课题，那就是找到“正确的动机”。

这里所说的“正确的动机”就是悲悯之心。或许在这样的职场环境中工作，人们的内心都难以获得安宁，压力、疲劳、猜疑心和敌视心理让人喘不过气来。

感受不到快乐的心灵都是空虚的。或许不少人开始怀疑自己工作的价值究竟在哪里。我们应该体谅这些人（同事）的痛苦，坦率地承认他人的努力和付出。

若能够想到这一步，便会有种“退一步海阔天空”的感觉。被欲望囚禁的时候，我们的世界越来越狭隘，但是当我们怀抱悲悯之心时，就会变得体谅和宽容，而此时的世界也会变得更加宽广。

“慈、悲、喜、舍”中的巨大能量

人生总是与苦难相随，这是佛陀的“四圣谛”中的一个章节。对于这个观点，有些人不赞同，觉得佛教太过悲观、消极或者厌世了。其实不然，佛教只是不加修饰地将每个人都在体验的人生真相摆在了大家面前而已。

活着这件事并不轻松，这就是一种真实感受。但是这一点并非我们人生的结论，而是“能让我们远离苦恼地度过一生”的出发点。

佛陀曾说过：“愿世人都能从苦恼中解脱。”这是充满积极意义的寄语。人世间，并非只有自己感到苦恼，每个人都有自己的苦恼，这也是佛陀讲述的一个人生真相。在这个世界上生活的每个人——家人、职场的同事、地铁中遇见的人、擦肩而过的人、在电视上偶然看到的人——都有各自的苦恼，如果能意识到这一点，或许内心的苦恼也能稍微减少几分，因为“觉得只有自己在受苦”的孤独感会得到些许慰藉。

每个人都在努力地过着自己的人生，应对着各种苦恼，只有意识到这一点，人生才能看到新的方向。所以说，悲悯之心当中蕴含着巨大的能量。

前文提到的这位男性，在理解“慈、悲、喜、舍”这四种用心之后，内心恢复了平静，在职场中的工作也不再那么痛苦。

保持正确的心态，心灵的反应也会有所变化。从这一点来看，除了佛教以外，我们今后接触的各种正确的思考方法和生活方式都能为人生带来全新的希望。

“我愿助你一臂之力”

如果将“慈、悲、喜、舍”这四种用心当作心灵和人生的根本动机，那么工作和人生的意义也会发生改变。

慈爱之心是指期望他人能够获得幸福和利益的用心。从这样的用心之中，我们能够看到奉献和无私的力量。

当我们拥有喜乐之心，看到他人喜悦的笑脸时，也会感受到同样的幸福感和满足感。希望每位读者都能更加深刻地去体会他人的幸福和喜悦，积极地做出反应。

当我们拥有悲悯之心时，就能在第一时间体谅他人的苦恼，停止伤害他人。

奉献、无私、乐于助人，这就是慈爱、悲悯和喜乐之心。

实际上，这“三种用心”已经足以构成我们人生最根本的生存意义和动机了。

人们一旦执着于自我的欲望、愤怒和妄想，心中就必然会产生苦恼和不满足。“想要取得胜利”以及“想要获取某个事物”的欲望虽然会让人们浮想起“已经取得胜利”和“已经获取某个事物”的景象，但是这些脑海中的景象终究也只是妄想。

欲望等于“欲求”加上“妄想”。因为欲求不满而开始追逐妄想的那一刻，人们就已经迷失了自我，忘却了原本该有的生活方式和良好心态。现代社会，许多人早已忘记什么才是正确的生活方式，因此佛陀才不断地告诫世人“开悟”的重要性。

所谓开悟，也就是观察自己心灵的反应，意识到自己的心灵做出了反应，然后从自我折磨中解脱出来。“慈、悲、喜、舍”的用心在日常生活中常常得不到重视，但它们都是能帮助人们获取幸福的不可欠缺的真理。如果将这“四种用心”作为人生的动机与目标，就能在充满竞争的现实世界中找回自我，从欲望、愤怒和妄想之中解脱出来。这就是即使身处于竞争的环境之中却又能远离竞争所带来的烦恼的健康生活方式。

战胜“五种人生障碍”

对于求胜心理，我们没有必要彻底否定。当我们以胜利为目标而拼命努力的时候，除了自我满足，还能给他人带来幸福，这样的情况也是真实存在的。

但是，取得胜利也有一定的“顺序”。**佛教认为，取胜的第一步就是“获取内心的胜利”。**佛陀认为，要想取得成功（达成目的），就必须意识到“五种人生障碍”。

世人的心中都充满了迷惘，这样的迷惘是由五种障碍造成的，它们分别是①追求快感的心；②愤怒；③无精打采；④浮躁；⑤怀疑。

如果内心充满这样的迷惘，便会失去正确的判断能力，而苦恼也会接踵而至。

——选自《对年轻修行者的训诫·中部》

我们的心中总是存在这五种障碍。事情进展得不顺利的时候，失败的时候，遭遇挫折的时候，几乎都能“看见”这“五种障碍”的存在。所以佛教希望人们能意识到这些人生障碍的存在，避免痛苦。

别让“五种人生障碍”阻拦你前行

让我们再次确认一下佛陀所说的“五种人生障碍”。

①**追求快感的心。**这是指内心被影像、声音、气味和触觉等“五感”所吸引，电视节目、漫画、网络、美食和其他娱乐活动都属于这个范围。

为了追求快乐而适当地体验这些娱乐活动是无可厚非的，但是当有重要的工作摆在面前时，却仍被这些娱乐活动所吸引，并且沉溺其中好几个小时，那么这些娱乐活动就成了人生的障碍物。

②**愤怒。**这是指不快、不满、悲伤、压力以及对他人的恶意等让内心波动的情绪。一旦有了这样的情绪，人们就很容易变得歇斯底里。

有时候人们会说：“愤怒也可以转化为动力。”但是从佛教的观点来看，这种说法是完全错误的。因为从愤怒中体会到快感的时候，也就意味着这个人本身非常易怒。认为能够将愤怒转化为动力的人，或许已经因为易怒而吃了不少苦头。原本“动力”是指避免一切多余的反应、集中于眼前工作的状态，但是愤怒本身却已经是一种反应。

心无旁骛地努力和心中充满愤怒反应时的努力，哪一种更有效呢？显然避免多余反应、心平气静地去努力付出时会取得更好的成果。这对于取得胜利和成功来说是一条重要原则。

③**无精打采。**这是指困乏、无聊、懒散、偷懒、疲惫等状态。这些状态也属于人生的障碍物。

人们感到无精打采的原因是很难用一句话说清楚的，但是明明休息了一段时间仍然感到无精打采的话，则可能是因为原本就没有什么努力的动力（或者是选择了错误的动机），又或者是因为工作内容和人际关系无法让人感到快乐。从前文提到的“重视快乐”的这一观点进行分析，我们可以找到不少相应的对策。

④**浮躁。**这是指内心充满杂念和妄想、无法安心工作的状态。说实话，这种状态往往是由于过度沉迷于电视节目、网络信息和音乐等外界刺激，以及过度依赖酒精和香烟所造成的。此时我们必须尽量减少与这些外界刺激的接触，克制住自己。外出散步、修禅和冥想都是十分有效的解决方法。

⑤**怀疑。**这是指对自己和他人的将来产生的各种消极想法。这里所说的怀疑，就相当于“三毒”中的“妄想”，我们可以通过正念的方式来消除这些妄想。

积极地度过每一天——针对“五种人生障碍”的对策

让人烦恼的是，这“五种人生障碍”都不好对付。虽然知道其中的消极能量，但就是无法克制自己，可如果输给这样的人生障碍，就会更加厌恶自己。如果希望自己的人生能够积极向上，那就必须努力克服这“五种人生障碍”。

本书所介绍的佛陀的思考法，就是非常有效的解决对策。当我们面对这些障碍时，**首先要避免多余的反应，然后客观地理解自己所面临的障碍物，这才是正确的思路。其次要找准方向，也就是明确自己的目标，**让自己清醒地意识到：我绝对不能输给这样的人生障碍！

除上述方法之外，还需要注意两点：1. 避免细微的反应；2. 找寻快乐。

1. 避免细微的反应

所谓“避免细微的反应”，是指在琐碎的时间里也能避免打开电视或上网等消磨时光的行为。佛教中将这些细微的反应叫作“泄气”，指无法集中于重要的工作，心灵对各种外界的细微刺激产生反应的状态。

当这些细微的反应不断累积时，我们离成功就越来越远了。当然，享受生活本身是没有问题的，但一旦明确了自己的目标、一心想要做出成果时，我们最好还是避免这些细微的反应，例如克制住自己伸向电视机遥控器的手。

相应地，我们可以利用这些琐碎时间来体验自己的感觉。什么都不需要做，只需要将注意力集中于自己的呼吸。虽然有些无聊，但是这样做就能让人的内心平静不少，是一个不错的开始。

2. 找寻快乐

找寻快乐是指积极地享受工作，积极主动地做出快乐的反应，并清楚地意识到自己的快乐。虽然这一点看似和本书的主题“避免多余的反应”是背道而驰的，其实不然。避免多余的反应是指避免欲望、愤怒、妄想等消极的反应，但如果某个事物能让自己感到快乐，那我们就要积极主动地去体验。

当我们寻找快乐的反应时，内心就会从平时无所事事的状态转变为愉快和积极的状态，并能在很大程度上避免对前文所述的“五种人生障碍”做出反应，希望诸位读者都能去积极尝试。

“快乐的反应”完全取决于自己的用心，用心的人会更加快乐。

“正确的努力”减去“五种人生障碍”等于人生

我们的人生其实不包含前述的“五种人生障碍”，除去这些障碍物后所剩下的才是真正的人生。

人们常常会有“我的人生总是失败”“我总是无法出色地完成工作”或者“感到内疚”的想法，这是因为他们的心中“想要更加成功”或者“想要工作得更加出色”的念头过于强烈。

乍一看，他们确实是充满干劲儿，但是在现实生活中，这样的人又很容易沉溺于快感，总想着省事省力，因为各种琐事而产生情绪波动。他们无法理性地面对自己的弱点，始终无法抛弃完美主义的偏执。

佛教认为，“内心的弱点”和“无法克服人生障碍的心态”

都是客观存在的。人无完人，每个人都有弱点，有时候人们会妥协，有时候又不知不觉地沉溺于快乐和懒惰，这些都是无法否认的事实。**但真正的自我，是从“努力的自我”中减去“自我的弱点（五种人生障碍）”后的存在。**我们无法判断这样的自我究竟是好是坏，因为我们都是独一无二的存在。

自我是不变的，我们只能客观地理解和接受自我，这才是正确的思考方法。人生永远都是从“这一刻”开始出发，如果你还是无法理解自我，那就从这一刻开始提升自我、实现自我成长吧。在避免“五种人生障碍”的基础上挑战自我，人生就是“正确的努力”减去“五种人生障碍”后的结果。剩下的结果对于每个人来说都是最终的成功和最出色的回答。

希望每位读者都能从这一刻开始实现最好、最出色、最真实的自我。只要做到这一点，不论最终的结果如何，都会交出一份让人满意的人生答卷。

摆脱“挫折感”

希望取得胜利的念头越强烈，失败时的挫折感和痛苦就会越强烈。许多人都无法走出挫折、失望和失败后的伤痛。

佛教认为，世上原本没有胜利和失败，这样的念头完全产生于欲望和妄想。这并不是一句安慰人的话，而是在正确理解自己的内心后认清的一个重要事实。

“现在进行时”的嫉妒和“过去式”的自卑

让我们来分析一下嫉妒这种情绪。当人们感到嫉妒的时候，就会对比自己更出色、更优秀、更成功的人做出反应。

“羡慕有能力、受到领导表扬的同事”的想法，以及“见到身边的同龄人都如此出色，内心感到有些焦急”的想法，这些都属于对他人做出反应后所产生的嫉妒心。

嫉妒是一种针对他人的“现在进行时”的情绪，但是在分出胜负后又会转变为挫折、自卑或怨恨等“过去式”的情绪。但是不管以哪种形式出现，嫉妒总是折磨着我们的内心。不过只要运用正确的思考方法，我们完全能够摆脱嫉妒的束缚。如果将嫉妒这种情绪理解为“对他人的偏执”，就能够产生有趣的理解。关于“偏执”这个词，让我们先来看看佛陀的理解。

人们因为三种偏执而苦恼：

①求而不得的偏执——但是最终还是得不到。

②奢望永恒的偏执——但是终将失去。

③想要摆脱痛苦的偏执——但是痛苦却伴随一生。

——选自《在鹿野苑对五比丘的开示·相应部》

也就是说，嫉妒中包含了上述三种偏执中的两种。

第一，希望获取他人认可的偏执。但是当无法得到认可时，便会陷入苦恼。这是产生于承认欲的偏执。

第二，觉得受到认可的他人看起来特别碍眼的偏执。这是将自己心中的愤怒转嫁给他人的状态。

也就是说，**嫉妒的本质是将“无法满足承认欲”的愤怒转嫁到他人身上的一种状态。**嫉妒属于“三毒”之一的“愤怒”的一种表现形式。这种来自嫉妒的愤怒其实和他人没有任何关系，因为如果自己也能获得他人的认可，那就不会产生任何嫉妒。愤怒的真正原因在于无法得到他人认可，承认欲未被满足所导致的不满。

所以说嫉妒本身和他人没有任何关系。没有关系却要将怒气转嫁到他人身上，那就相当于“乱发脾气”。心情烦躁的时候大声地责骂小孩，为了缓解压力而故意找碴等行为都是出于类似的心态。

嫉妒的根源在于承认欲，那么该如何满足自己的承认欲，也就是说该如何才能获取他人的认可，这才是思考的重点。而将自己的不满转嫁到他人身上这种做法，显然是缘木求鱼了。

“自观”——看清自己的脚下

为了得到他人的认可，首先需要完成能够做的和应该做的事，这就是前文中已经提到的“正确的努力”。一切都要从正视自己的内心动机和自己所拥有的能力——现阶段能够做到的事情——开始着手。

自己所拥有的能力，是指性格、资格、技能、才能、经验等事物，很显然这些都是自己独一无二的能力。因为每个人的能力不同，所以不管怎么嫉妒他人，我们都不一定能够获取同样的成果。

而且每个人的努力方式，也就是前进的方向也有很大差异。人们常常关注那些成功人士，希望（妄想）采用相同的方法来取得同样的成果，但我们真正该做的，其实是静下心来找寻自己的成功之道。

摆脱嫉妒心的第一步就是从关注他人的状态转变为关注自我的状态。不要一味地关注他人，要走出嫉妒所带来的愤怒。同时要从“希望通过复制他人的方式取得和他人同样的成果”的妄想之中清醒过来，只有这样，才能彻底摆脱嫉妒心。

如果内心还是希望得到他人的认可，那就应当思考“我现在能做什么”“我现在是否把该做的事情都做到位了”以及“是否还有其他值得尝试的事情”等问题，渐渐地，你的注意力就会转向如何提升自我能力、如何推进工作和改善生活等方面。

佛教中将这样的思维称为“自观”——看清自己的脚下。看清自己的脚下，先把能够做到的事情全部完成。这样的努力和改善方式，只需要正视自己的内心，从现在所处的位置开始行动。它并不困难，同时也是一种自然的生活方式，只要做到这一步，你就能摆脱嫉妒心，享受自己努力的全过程。

人生价值可能在别处

在现实生活中，我们总会遇到认可自己的人和不认可自己的人。和空气、阳光等自然要素不同，具备社会价值的事物数量总是有限，所以每个人做出的成果都会被拿来作比较，这一点是无法回避的现实。

如果设立了目标并为之努力，但最终却没能取得成功，那么此时该如何正确地思考呢？

如果过度偏执于被人认可、想要取得成功，那么由承认欲所引起的不满和愤怒将永远持续下去。嫉妒心、挫折感、自卑感和怨恨情绪等都是由这样的偏执所引起的。

如果因为偏执而产生了动力，当然也可以放手一搏，但假如因此产生了苦恼，那就说明“思考方法发生了错误”，需要重新整理自己的思维。

如果从佛陀所讲述的“慈爱”的观点来看，首先我们需要理解“为他人奉献自己的力量”这一点。如果说“慈爱”这个词过于抽象，那么“奉献”这个词就容易理解多了。有了奉献的动机，首先要思考的就是，“我现在能够发挥怎样的价值”。只有在这一刻，自己真正的人生才能正式拉开序幕。

不少人终其一生都在追求和别人相同的成功、相同的胜利、相同的创意、相同的生活方式。当然，如果他本人觉得没有问题，那也无妨，但假如对现在的生活感到不满足，那就说明这样的思考方法可能并不适合自己。此时我们不需要自我否定，改变一下思考方法即可。

如果你见到其他人取得了你曾经梦想中的成功和胜利，那请由衷地祝贺对方。**悲悯之心能够让你体会到对方为之付出的辛勤努力，这样的体会就是“敬意”。**

但如果对他人充满嫉妒的情绪或者自己产生了自卑心理，那就需要切换一下思考方法了——“我不需要和他人拥有相同的人生价值，或许我的人生价值在别处。”

人生最终极的目的是奉献。只要能够为他人奉献自己的能力那就是最出色的人生。将奉献作为人生目标，首先完成自己能够完成的事，在日常生活中体会那些细微的喜悦和人间烟火，这样的人生其实已经十分圆满。

“出淤泥而不染”的生活方式

人生在世，或多或少都体验过挫折和失败，但是没有必要因为这些过往的糟糕经历而否定自己的能力，因为每个人所处的环境都是不同的。每个人的成长环境、人际关系、性格、能力、运气（时机）都有所不同，每个人的大脑都是独一无二的，所以“心灵的反应”也千差万别。

每个人的内在都有所不同，所以外在的行为举止也会有巨大差异，最终形成百态人生。我们无法去比较百态人生，因此当执着于胜负、优劣、人有我无等情绪的时候，就会陷入偏执和妄想的泥沼。此时该做的第一件事就是闭目静心。

闭上双眼，就能在很大程度上隔绝让你苦恼的外界刺激。此时，“外界”已然消失。这就是独立于世、出淤泥而不染的生活方式。

青莲、红莲、白莲皆萌生于水底，成长于水中，绽放于水面，却未被污泥所染。开悟之人，成长于俗世，却未被俗世所染。

——选自《五部》

如果在湍急的河流中无立足之地，很快就会被河水卷走。

但只要有一处立足之地，就能躲过被卷走的命运。

——选自《在长者苏达塔的花园中·五部》

最终章

佛系人生：抵达『圆满人生』的思考法

找回正确的心态

很多人永远活在索求、反应和苦恼之中，若要摆脱这样的贪欲，寻求最终的圆满，就必须拥有全新的心态。

如何面对“燃烧的内心”

每个人都会为了活下去竭尽全力。生活中，很少有人故意让自己卷入不幸或者故意犯错，但是当我们静下心来的时候，会发现自己永远都在追寻“圆满的人生”。

我们的内心总是觉得不满足。那么为什么我们的内心永远如此饥渴呢?

人心原本就是彷徨犹豫、无法得到满足的，或许佛陀是第一个意识到这一点的人。

> 万事万物皆在燃烧。我们所见到的和所想到的一切都在燃烧。
>
> 贪欲、愤怒和妄想的熊熊火焰点燃了一切。
>
> 人心永远都因为苦恼、衰老、失去、忧郁、悲伤、痛苦和烦闷的火焰而备受煎熬。
>
> ——选自《象头山法话·五部》

这里的“燃烧”是指心灵做出的反应。欲望、愤怒和妄想都表明心灵已被“点燃”。佛陀说过，“燃烧的内心”让世人无止境地挣扎苦痛，只要心灵不断做出反应，这些不满和苦恼就会永远伴随左右。

如果没有全新的心态，这些心中的饥渴、愤懑、失落、不安和痛苦都将无法得到平息。这是我们需要意识到的第一点。因此我们需要找到一处安放心灵的“避风港”。

安放心灵的避风港——达摩

这里所说的“避风港”是指支撑内心、强化内心的思考方法。它和“不断做出反应的心灵”相反，是一种让人静下心来的生活方式和思考方法。

佛教中将人们应当遵循的“正确的生活方式”称为“达摩”，这个词表示法意、真理、真实。

“我将遵循达摩度过此生。”这是佛教徒宣誓誓言《三皈依文》中的一句话。皈依是指基于某种信念而生活的意思，《三皈依文》是指基于佛（佛陀）、法（达摩）、僧（僧伽）的教义而度过一生的誓言。

乍一看这似乎属于宗教礼仪的范围，但是它却又有更加深刻的本质。**皈依的本质就是选择正确的生活方式去强化自己的内心，是一种对自我的约定和誓言。**

这一刻，我们的内心是否存在“正确的生活方式”呢？要回答这个问题，首先我们要弄清楚什么是“正确的生活方式”。

在佛教看来，“正确的生活方式”应该像这样：

① 避免多余的反应，正确而客观地理解事物。佛教中称之为“正见”。

② 净化“三毒”等有害反应，保持内心澄澈。佛教中称为“清净行”。

③ 祈祷他人能够获得幸福。也就是怀有“慈、悲、喜、舍”的用心。

这样的生活方式已经超越了单纯作为某一个宗教的修行方式，这是全世界人类都应当拥有的普遍而正确的生活方式。

没有必要信教，也不需要沉溺于宗教，只要在每次我们的心灵做出反应之前，都能回到这个心灵的避风港，就能走出人生的迷思。

如果在湍急的河流中无立足之地，很快就会被河水卷走。但只要有一处立足之地，就能躲过被卷走的命运。

——选自《在长者苏达塔的花园中·五部》

天助自助者

许多人的心中没有避风港，只能从俗世中寻求安慰，例如金钱、物质、舒适的生活、被他人羡慕的地位、职业和学历等。人们对此深信不疑：能够获取幸福的答案就在俗世之中，所以拼尽全力也要获取具备社会价值的一切物质。可是这样的“索求之心”只会让内心愈加饥渴。

每个人都有欲望、愤怒和妄想，而现代社会也在不断刺激和利用人们的原始本能。

换言之，当我们向自身以外的世界寻求答案时，终究也只是对欲望、愤怒和妄想做出了反应。然后求而不得，周而复始，内心的轮回永无止境，却忘记了自我的本色。

佛陀曾说过，人们只应将“自身”和“正确的生活方式”当作心灵的避风港。虽然现代佛教建议人们皈依僧伽（僧侣和长老），但是佛陀的本意却并非如此。

佛陀在晚年时，曾对身边的弟子阿南达说过这样的话：

> 汝无须寄托于任何外力。俗世中能够依赖的唯有自我和正确的生活方式——达摩。
>
> 除此以外的一切变幻，人们的迷思和话语，皆不可信。
>
> ——选自《给阿南达的鼓励·天启》

这样的话语，对于那些“将内心寄托于俗世”的人来说敲响了一记警钟。大多数人对于自己的生活方式都没有自信，觉得自己的人生只有苦恼，所以才将希望寄托于外界。但是佛陀反复强调，外在的世界中没有答案，充溢于这个世界中的各种符号、价值观、思想、宗教等都是由人心创造出来的，想要寻求解脱唯有回归心灵本身。所以即使有时候产生了被他人救赎的感觉，那也不过是一种“妄想”，最终能够帮你跨越这些痛苦的，永远只有自己的心。因此唯有在自己的内心深处确立正确的生活方式，寻找到心灵的“避风港”，才是正道。

“归、去、来”，持续走下去

现在的你或许正处于无止境的忙碌，无法解脱的疲劳、空虚，莫名其妙的愤怒、悲伤、不安，以及自我否定的想法之中，有时候甚至觉得自己被世界遗弃了，只能孤独地走下去。

在这样的状态中，首先要做的就是闭目静心。**感受自己的呼吸，注视眼前的黑暗，用尽全力去感受自己的心。**在放松的状态下感受呼吸之间的身体变化，用“悲悯之心”去祈祷世间众生的幸福。

当你感觉找回些许自我的时候，再回到现实世界中。真正的人生就是这样“归、去、来”的重复。每时、每刻、每分，回归自己的内心。**只有回归自己的内心，才能真正地“重生”。而我们的心才是通往幸福的唯一道路。**

不要忘记正确的方向

佛陀从未妄想过任何消极的未来，但也未曾想象过任何美好的未来，他只重视当下，脚踏实地地走向未来。这样的心境就是对人生的信赖。

佛陀也曾有过消极的想法

我们常常听到“消极的想法”和“负能量”等词语，其实佛陀本人在领悟“正确的生活方式”之前，也一度因为消极的思考法而苦恼。

佛陀开悟之前的俗名叫作“乔达摩”，他曾有过这样的想法：

> 奢侈华丽的宫廷生活、健康的体魄、人人羡慕的青春，这一切都有什么意义呢？肉体终要面对生老病死，那么青春和健康，甚至生存本身又有什么意义呢？
>
> ——选自《乔达摩年轻时的苦恼·增支部》

据说乔达摩作为王族的子嗣，曾经过着非常奢华的宫廷生活。在一般人眼中，这样的生活应该是无忧无虑的，但是乔达摩和常人一样，也在思考人生的终点究竟是什么的问题。同时他意识到现在所享受的一切都会因为疾病、衰老和死亡而失去。那么究竟为什么要活在这世上呢？这就是乔达摩的疑惑。

对于乔达摩这个阶段的烦恼，人们一般有两种解释：第一种认为，他过度思考，过于悲观；另一种则认为，他不愧是即将成为佛陀的人，如此聪慧，能够认清现实。

笔者认为这两种看法都是正确的。俗世中的大部分人，在短暂的人生中追求那些求而不得之物，例如物质所带来的快感、肉体的快感、求胜的欲望、自尊的满足等小小的梦想。人们执着于这些未曾得到的幸福，在后悔、悔恨、怨恨之中迎来人生的终点。但是乔达摩却已看清，无论拥有多少物质，在人生的终点人们终将失去一切。这就是人们常说的“洞察力”，也可以理解为“比较极端的想法”。

或许当时的乔达摩对宫廷生活感到厌倦或者无聊——在这样的状态下，确实可能觉得任何事情都是空虚无常的——但是乔达摩的不同之处在于，他从“只剩下悲观的现实”之中开始找寻“新的生活方式”。

人的一生永远都在索求。但是索求可以分为两类，错误的索求和正确的索求。

错误的索求是指明知道人都有生老病死，却要索求永恒的想法。

而正确的索求是指意识到这样的错误，超越最终的失去，追求远离人生苦恼的生活方式。

我至今为止的人生，终究只是错误的索求。

——选自《乔达摩年轻时的苦恼·增支部》

此时我们已经可以窥见佛教的本质，也就是正确的思考方法。正确的思考方法之一，就是找到正确的人生方向。

一般人执着于青春、健康、长生不老、财富、职业、地位、学历、他人的赞赏等，这是将俗世的价值观作为人生方向的生活方式。但我们不一定能够实现这些所谓的价值，就算实现了这些价值，它们也终将再失去。甚至连我们自身，在去世后的几十年，或许就会被社会遗忘。所以乔达摩告诫人们：**对永恒不变的索求，就是错误和空虚的生活方式。**

乔达摩的智慧不止于此。他不仅质疑自己的生活方式，还开始探索如何摆脱这份苦恼。这里所说的“摆脱苦恼”并不是指脱离社会、否定社会、放弃人生等消极的人生方向，**而是指正视每个人都活在事与愿违的苦痛之中这个现实，然后再努力寻找远离苦痛的心，这才是正道。**

实现“人生的圆满”

乔达摩陷入苦恼的迷思之中，在 29 岁时决定出离俗世。他在晚年时曾有这样的回忆：

> 年少时，我曾为了追求“善”而出家。
>
> ——选自《佛陀晚年的回想・增支部》

这里所说的“善”（kusala）是指善良的心境，摆脱了疑惑和纠葛的清心寡欲的状态。佛陀将人生终极的方向称为“善”。

原始佛教中，有这样的记载：

> 我的心逐渐远离衰老。苦恼的心变得平静，我体会到了人生的圆满。
>
> ——选自《守墓长老苏皮雅的话语·偈颂》

“人生的圆满”和年轻的乔达摩所追求的“善”是同一事物，都是指从苦恼之中获取解脱的心境。

人们总是不断索求，因为求之不得的现实而痛苦，因为终将失去的现实而苦恼。我们身处这样的现实，却不应被这样的现实所吞没。

“解脱”是一种主观的看法，只要我们自己觉得没问题，那就是解脱。能否解脱，取决于每个人的想法，而且不论多少岁，不论身处怎样的状况，每个人都能获取解脱。

如果将这样的解脱作为人生方向，那么剩下的一切都只需要交给时间即可。唯有解脱自身，才能避免俗世的诱惑。

当然，这并不是说事与愿违的现实和人际关系的问题就此消失，碰到这些问题时，我们能做的就是避免多余的反应。闭目静心，正视自己的内心，回归内心，这就是人生的圆满。

人生始终与苦痛相伴，解脱自我才是正道。但是佛教并未倡导改变现实，对于拼搏也不置可否。现实和人生都是永无止境的，在这样的日常生活中，我们所能做的就是不增加多余的烦恼。而想要实现人生的圆满，则需要正确的生活方式、思考方法和用心。

这是现实世界和人生的内在主题：如何面对自己的人生。当我们思考这一点的时候，才能够真正地超越现实。

当我未曾领悟到正确的思考方法时，总是不断地粉饰自我、摇摆不定、犹豫不决、被欲望所驱使。在佛陀的指引下，通过正确的实践，我终于从充满欲望的人生中解脱出来。

——选自《佛教弟子阿南达的自述·长老偈颂》

走上人生的“正道”

找到心灵的避风港，遵循正确的人生方向，这是我们人生中必不可少的正道。

如果我们能走上这样的正道，就能远离人生中的各种迷思，就能对人生产生信赖感：我只需要脚踏实地地沿着这条路走下去，最终一定能够获得人生的终极解脱。

没有跨不过去的烦恼

人们为什么总是被烦恼所支配呢？人生不如意事，十之八九，有时候是人际关系的问题，有时候是自己内心的问题。但是为什么这些问题会变成痛苦呢？那是因为大多数人的心随时随地都会做出多余的反应。

做出多余的反应，愤怒，被欲望驱使，毫无根据地妄想，在无意识中被各种自以为是的想法所支配，从而陷入苦恼。

“偏执”的根源就是做出多余反应的内心。佛教中将这样的内心状态称为“无明”，即盲目的状态。观察自己的反应，意识到自己的反应，避免多余的反应，做到这几步，就能消除诸多烦恼，远离人生中的痛苦。

当然人生始终和痛苦相伴，痛苦本身是不会消失的，但佛陀的智慧，也就是正确的理解方式和思考方法，能够帮助人们实现远离痛苦的圆满的人生。本书的主旨也在于此。

我们面对的所有烦恼和痛苦都有解决之道，重点在于方法，这就是佛教传达给俗世的讯息。这里的方法是指用心，通过正确的理解将多余的反应排除在外，这样就能够实现圆满的人生。而佛教本身正是在实践这种生活方式。

只要心有正道，即使身在俗世中，遇到任何问题，我们仍能回归正确的思考方法。即使有偶尔内心脆弱、被反应所驱使而产生了新的烦恼的时候，只要心有正道，便能重新找回内心安宁。

这样的人生是充满希望的人生。心有正道的人才能够信赖自己的人生。

一定能够抵达幸福的终点

佛陀身边曾有一位尼僧，她放弃了富裕的家业和一位佣人私奔。但不久后她的丈夫和两个孩子却遭遇事故，离她而去，她对人生感到绝望。为了治愈内心的伤痛，她再次皈依佛门，但是痛苦的往事仍然萦绕心头，她觉得内心备受煎熬。

某天她在小河边洗手，看着河水从高处流向低处，此时她的内心开悟了。

> 现在的我，已然身处正道。
>
> 就如同河水总是朝着同一个方向奔流，我的人生也一定能从苦痛之中得到解脱。

——选自《尼僧帕塔查拉的自述·长老尼偈经》

尼僧按照佛教教义潜心修行，最终从苦痛之中解脱出来。

当我们面对烦恼时，首先就是要回想起正确的生活方式和正确的用心。**不要怨恨已经过去的事，不要怨恨他人，不要想象未来的事，也不要自责。**

静心修行的过程中，自然便会迎来开悟，自然就能找到心灵的避风港。或许这就是最佳的生活方式。

当心有所归之时，我们只需要把一切交给时间即可。充实快乐地度过每一天，终将迎来人生的圆满。

> 啊，我终于从浪涛之中上了岸。
>
> 被欲望之心驱使的我，终于走上了真实的道路。
>
> ——选自《皈依佛门后长老的自述·长老偈颂》

每个人的内心，都应当是不被外界所支配的“幸福的圣域”。而更重要的则是我们面对问题时的思考方法，做好这个人生课题，我们就能迎来真正圆满的人生。

路漫漫其修远兮。

草薙龙瞬的作品

《悩んで動けない人が一歩踏み出せる方法》（《走出烦恼的方法》）（WAVE 出版）

《独学でも東大に行けた超合理的勉強法》（《自学也能考入东京大学的超强学习法》）（SUNMARK 出版）

《消したくても消えない「雑念」がスーッと消える本》（《让杂念消失无踪的书》）（大和出版）

作者博客： http://genuinedhammaintl.blogspot.jp/

咨询： koudounosato@gmail.com

图书在版编目（CIP）数据

佛系：如何成为一个快乐的人 /（日）草薙龙瞬著；许天小译. -- 南京：江苏凤凰文艺出版社, 2018.4（2020.1重印）

ISBN 978-7-5594-1431-1

Ⅰ.①佛… Ⅱ.①草… ②许… Ⅲ.①随笔－作品集－日本－现代 Ⅳ.①I313.65

中国版本图书馆CIP数据核字（2017）第292935号

著作权合同登记号 图字：01-2016-605

HANNO SHINAI RENSHU

书　名	佛系：如何成为一个快乐的人
作　者	（日）草薙龙瞬
译　者	许天小
责任编辑	邹晓燕　黄孝阳
出版发行	江苏凤凰文艺出版社
出版社地址	南京市中央路 165 号，邮编：210009
出版社网址	http://www.jswenyi.com
发　行	北京时代华语国际传媒股份有限公司　010-83670231
印　刷	唐山富达印务有限公司
开　本	787mm × 1092 毫米　1/32
印　张	9
字　数	100 千字
版　次	2018 年 3 月第 1 版　2020 年 1 月第 17 次印刷
标准书号	ISBN　978-7-5594-1431-1
定　价	39.80 元